Ein warmes Essen und ganz viel Liebe

Bernd
Siggelkow

Wolfgang
Büscher

Ein
warmes
Essen und
ganz viel
Liebe

Hoffnungsgeschichten
aus 20 Jahren

adeo

Unter Mitarbeit der Arche-Pädagoginnen und -Pädagogen, insbesondere Heiko Metz, Sabine Hamann, Daniela Krämer, Monika Schröder, Larissa Rauter, Tobias Lucht und Antje Breda.

Inhalt

6

Vorwort

Zum ersten Mal wollte unser Vater mit uns in den Urlaub fahren und mein Bruder und ich konnten es als Kinder kaum abwarten, dass es endlich losging. Wir hatten sehr wenig Geld zum Leben, da mein Vater hoch verschuldet war. An allen Ecken und Enden mussten wir sparen und konnten uns nur wenig leisten. Deshalb fragte mich mein Vater, ob er sich das Geld, das mir meine Großtante vor einiger Zeit geschenkt hatte, borgen könne, um ein Zelt und ein paar Kleinigkeiten für unterwegs zu kaufen. Natürlich willigte ich ein, obwohl dieses Geld für mich auf einem Sparkonto angelegt war, um Zinsen zu bringen – damit ich später eine bessere Startchance ins Leben hätte. Bald nachdem alles Notwendige besorgt und alle Vorbereitungen abgeschlossen waren, fuhren wir los. Unser Ziel war ein Campingplatz an der Ostsee, unweit meiner Heimatstadt Hamburg. Ich freute mich so sehr auf diesen Urlaub, weil ich wusste, dass ich anschließend auch endlich einmal von Ferienerlebnissen berichten konnte.

Irgendwann standen wir auf dem Platz, das Zelt war aufgebaut, die Stühle, der Tisch und andere Dinge aufgestellt. Wir waren glücklich und gingen erst einmal baden.

Mir war nicht bewusst, dass der Urlaub das bisschen Geld, das ich auf dem Konto angespart hatte, total aufgefressen hatte. Und ich ahnte auch noch nicht, dass ich es nie wiederbekommen würde. Später verrottete das Zelt bei uns im Keller, es wurde kein weiteres Mal benutzt.

Als ich mit meinem Bruder durchs Wasser tobte, verlor ich daran keinen Gedanken. Ich fühlte mich so richtig gut, war stolz, dass wir es geschafft hatten, in Urlaub zu fahren und endlich einmal etwas Positives erleben würden.

Ich war 10 Jahre alt, bislang hatte es wenige Erfolgserlebnisse für mich gegeben. Der Existenzkampf meines Vaters und die schwere Krankheit meiner Großmutter, die sich um uns kümmerte, standen im Vordergrund.

Mein Vater ging in dieser Urlaubswoche viel angeln und war nicht ansprechbar. Wir mussten uns wie so oft selbst beschäftigen, aber so schlimm war es nicht. Ich war es gewohnt, allein zu sein, auch mit meinen Gedanken, und so lief ich viel herum und vertrödelte meine Zeit. Am Meer war es toll: Jeden Tag über 30 Grad, klares Wasser und genügend Auslauf.

Nach zwei Tagen sagte unser Vater zu uns, dass er am nächsten Tag für zwei Stunden weg müsse, wir sollten lieb sein und uns irgendwie beschäftigen. Das fanden wir okay.

Er fuhr sehr früh morgens los und mein Bruder und ich bereiteten uns, nachdem wir aufgewacht waren, schnell ein kleines Frühstück zu, damit jeder danach irgendwo spielen gehen konnte.

An diesem Tag hatte ich ein komisches Gefühl, das mich nicht losließ. Eine unbestimmte Angst umklammerte mich und so zog es mich schnell vom Wasser wieder zurück zu unserem Zelt. Auch wenn ich in meiner Kindheit oft allein war, konnte ich mit Einsamkeit schlecht umgehen. Oftmals überkamen mich Angstgefühle, dass ich für immer allein sein würde, dass sich niemand mehr für mich interessierte. Auch in der Schule hatte ich wenige Freunde und fühlte mich als Außenseiter. Zum Spielen mit Klassenkameraden blieb mir keine Zeit. Schon früh musste ich zu Hause mitarbeiten: Einkaufen, Saubermachen, Kochen und für vieles die Verantwortung übernehmen.

An diesem Tag wurde die Angst in mir allerdings irgendwie übermächtig. *Was wäre, wenn mein Vater nicht mehr wiederkommt? Wenn er uns alleine zurücklässt?* Vier Jahre zuvor hatte uns meine Mutter verlassen. Sie stand mit dem Koffer im Flur, sagte mir Adieu und verschwand. Das schmerzte mich sehr – auch jetzt wieder.

Ich nahm mir einen Liegestuhl, stellte ihn an die Straße, die zum Campingplatz führte, setzte mich darauf und wartete. Die Stunden vergingen. Vater kam nicht wieder. Es wurde an diesem Vormittag immer heißer, die Sonne brannte vom Himmel und je mehr die Zeit verging, desto mehr Tränen rollten mir über die Wangen. Immer, wenn jemand an mir vorbeikam und mich fragte, was los sei, sagte ich tapfer, dass ich mich ausruhe und das mein Vater gleich wiederkommt.

Am frühen Nachmittag zog ich mein T-Shirt aus, weil es so unerträglich heiß geworden war. Nirgendwo gab es Schatten. Und ich weinte noch mehr als zuvor. Keiner kam vorbei, die Einsamkeit war unerträglich.

Je mehr ich weinte, umso müder wurde ich. Schließlich schlief ich erschöpft ein. Mein Vater war nun schon seit sechs Stunden weg.

Es muss kurz vor 17 Uhr gewesen sein, als mich eine ältere Dame weckte und sagte: „Junge, du kannst doch hier nicht die ganze Zeit in der prallen Sonne rumsitzen. Guck dich mal an. dein ganzer Oberkörper ist krebsrot, du hast einen fürchterlichen Sonnenbrand."

Tatsächlich – alles tat mir weh. Und ich hatte – das war noch viel schlimmer – das Gefühl, meinen Vater verpasst zu haben. Vielleicht war er vorbeigefahren, während ich schlief. Schnell nahm ich mein T-Shirt und den Klappstuhl und lief zum Zelt. Mein Bruder saß dort und aß gerade einen Apfel. Aber mein Vater war nicht da.

Gesicht und Brust glühten vom Sonnenbrand, ich nahm so viel Sonnencreme, wie ich konnte, und schmierte sie auf meinen Körper. Noch viele Tage später sah man, was die Sonne mit meiner Haut gemacht hatte: mein Oberkörper war mit Brandblasen bedeckt.

Es vergingen noch mehrere Stunden mit Warten, denn mein Vater kehrte erst um Mitternacht zurück. Für mich waren es die längsten Stunden meines Lebens, hin und hergeworfen von meiner Angst. Als er dann endlich ins Zelt kam, war ich nur noch froh. Ohne ein Wort zu sagen legte Vater sich schlafen. Ich wagte nicht einmal, ihn zu fragen, warum er so lange gebraucht hatte und wo er gewesen war. Bis heute weiß ich es nicht.

Jeden Tag sehe ich Kinder, die einsam sind, denen jede Hoffnung fehlt, die nicht wissen, dass jemand an sie glaubt. Ich treffe Kinder, denen es so geht wie mir als Kind. Sie sitzen nie auf dem Schoß ihrer Eltern, sie fühlen sich nicht geliebt, sondern vielmehr als Versager.

Bildlich gesehen hocken sie auf einem wackligen Klappstuhl und warten auf jemanden, der sie in den Arm nimmt und tröstet. Sitzen und weinen, weil sie Angst haben, dass dies niemals passiert.

In den letzten 20 Jahren habe ich Tausende von Kindern in den Arm genommen und dabei gemerkt, wie sehr sie sich nach Liebe sehnen. Oft bin ich Kindern begegnet, die mich gebeten haben, sie nur einmal ganz kurz festzuhalten – damit sie merken, dass es jemanden gibt, der sie wertschätzt.

Ich habe Eltern kennengelernt, denen man niemals etwas vorgelesen hat, als sie selbst Kinder waren. Es gab keinen, der sie getröstet hat, wenn sie traurig waren, und niemanden, der für sie ein liebendes Elternteil war. Nun haben sie selber Kinder und sind häufig überfordert mit den Liebesbeweisen, die sie eigentlich weitergeben sollen. Weil sie es nicht kennen, weil sie diese Sprache der Liebe nicht beherrschen, weil so viel Traurigkeit in ihnen selbst ist.

Vor einigen Jahren verhungerte in Hamburg die kleine Jessica. Die Nachricht löste großes Entsetzen aus. Wie kann so etwas passieren?

Pastor Thies Hagge holte uns, um in dem Stadtteil, in dem Jessica starb, eine ARCHE zu bauen. Ein Journalist fragte ihn damals: „Würde Jessica heute noch leben, wenn es bereits früher eine ARCHE gegeben hätte?"

Die Antwort von Thies Hagge, der auch Jessicas Eltern im Gefängnis besucht hat, beschäftigt mich bis heute. Er sagte: „Nein, das würde sie vermutlich nicht, denn Jessicas Eltern hatten ihre Tochter im Zimmer eingesperrt, sie kam gar nicht raus. Nur selten bekam sie etwas zu essen und zu trinken. Als man sie tot auffand, hatte sie Haare im Mund. Sie hatte versucht, ihr eigenen Haare zu essen."

Dann fuhr er fort: „Aber wenn es in der Kindheit der Mutter eine ARCHE gegeben hätte und wenn sie diese besucht hätte, würde Jessica vermutlich noch leben. Jessicas Mutter wurde als Kind selbst missbraucht und hat nie gelernt, was es heißt, geliebt zu werden."

Jeder Mensch braucht Liebe und Beziehungen, Freunde und Menschen, die ihn unterstützen. Und genau da setzt die ARCHE mit ihren drei Säulen an: Beziehung, Nachhaltigkeit und ganz viel Liebe.

Bernd Siggelkow

☆ Kinderwünsche

☆ Ich wünsche mir einen guten Beruf.
Ich möchte später unbedingt:
☆ Fußballstar,
☆ Friseurin (wie meine Mama),
☆ Arzt,
☆ Konditorin,
☆ Polizist,
☆ Kellnerin in einem Restaurant,
☆ Astronaut,
☆ Millionär werden.

Ich möchte:
☆ bei der Bundeswehr arbeiten.
☆ einen eigenen Kiosk besitzen.
☆ vielleicht später Topmodel werden,
    wenn meine Figur wieder besser wird.
☆ viel Geld haben – dass auch arme
    Menschen Geld bekommen.
☆ meiner Familie eine Villa kaufen.
☆ Glück im Berufsleben haben.
☆ reich sein.

☆ in die Politik gehen.
☆ die Welt positiv verändern.
Damit es keinen Krieg mehr gibt und
Länder sich anfreunden.

1.

Tim will Meer!

Feuerwehrmann? Rennfahrer? Pilot? Berufswünsche wie diese kommen für Tim nicht infrage. Für den Neunjährigen steht fest: „Wenn ich groß bin, werde ich Arche-Mitarbeiter!"

Tim lebt in Düsseldorf unweit unserer dortigen Einrichtung. Ein schmächtiger Junge, der seit gut zwei Jahren fast täglich zu uns kommt. Gemeinsam mit seiner Mutter und einem jüngeren Bruder lebt er in einer winzigen Wohnung direkt an einer Hauptstraße. Ein Zimmer teilen sich Tim und Jan, im Wohnzimmer wird nachts ein Schlafsofa für die Mutter ausgeklappt. Tims Bruder Jan trainiert an fünf Tagen pro Woche im Fußballverein – er will Profispieler werden, wie so viele Jungs in dem Alter. Tims Träume sind dagegen eine Nummer kleiner und für einen Neunjährigen überraschend solide. Er will Abitur machen und dann studieren: „So was mit Bildung und Erziehung, wie ihr das hier macht."

Wir hören das immer mal wieder von den Kindern, die zu uns kommen. Sie genießen die Atmosphäre in der Arche und bewundern ein bisschen, wie souverän die Erzieher auftreten. Für sie ist die Vorstellung, hier zu arbeiten, ein Traum.

Tims Mutter hat schon seit sieben Jahren keine Arbeit mehr und seinen Vater kennt er nicht. Der war auch nur für wenige Tage mit der Mutter zusammen und hat bis heute keinen Cent für den Jungen auf den Tisch gelegt. Das Geld zu Hause ist knapp und die Mutter hat die Hoffnung auf einen Arbeitsplatz inzwischen aufgegeben.

Als Tim mit der Arche letztes Jahr in ein Zeltlager unweit der Landeshauptstadt fuhr, war er das erste Mal weg von zu Hause. Doch nicht nur die fremde Umgebung mit all ihren Eindrücken tat ihm gut, auch die Auszeit von Bruder und Mutter. Schon etliche Wochen vor dem Camp fieberte Tim dem Abreisetag entgegen. Er war unglaublich aufgeregt, weil er sich überhaupt nicht vorstellen konnte, was ihn erwartete.

Viele unserer Kinder haben weder von räumlichen Distanzen noch von der Welt jenseits ihres eigenen Alltags eine Vorstellung. Sie gehören nicht zu den Privilegierten, die von klein auf mit Auto, Bahn und Flugzeug die Welt bereisen, verschneite Alpenlandschaften genauso selbstverständlich kennenlernen wie sonnige Mittelmeerstrände oder schillernde Großstädte. Mit Kindern aus der Ostberliner Arche sind wir einmal nach Zürich gefahren, wo es eine von zwei Schweizer Archen gibt. Schon nach wenigen Minuten kamen im Reisebus die ersten Fragen: „Wann sind wir endlich da, ist es noch weit? Haben die eigenes Geld? Können wir die verstehen und gibt es da auch richtiges Essen?"

Zu Tims Camp hingegen fuhren wir nicht mal eine Stunde. Aber vielen Kindern kam selbst das wie eine Weltreise vor: „Sprechen die hier noch deutsch? Ist das noch Düsseldorf?"

Am Abend versammelten wir uns am Lagerfeuer, erzählten Geschichten und sangen. Die Kinder waren irrsinnig hibbelig. Tim mittendrin. Er war völlig gebannt von der Stimmung und dem Gemeinschaftserlebnis. Das Camp wurde ein einziges großes Abenteuer für ihn und legte den Grundstein für ein noch größeres: Am letzten Abend las einer unserer Arche-Mitarbeiter den Kindern die Geschichte von einem Jungen vor, der noch nie am Meer war und dessen größter Wunsch es ist, einmal das „große Wasser" zu sehen. Also reitet er mit einem Elefanten aus dem Zoo los. Tim war begeistert: „Wie cool ist das denn, mit einem Elefanten zum Meer reiten", strahlte er, fasziniert von der Idee. Und auch nach dem Zeltlager sprach Tim immer wieder unsere Mitarbeiter auf die Geschichte an. Tim, der außerhalb der Schule noch nie ein Buch gelesen hatte, wünschte es sich sogar als Geschenk zu seinem Geburtstag. Außerdem erfüllten wir ihm einen anderen großen Wunsch. Gemeinsam mit zwei weiteren Kindern und zwei Mitarbeitern aus der Arche besuchten wir den Kölner Zoo. Tim verkündete bereits am ersten Gehege, dies sei der schönste Tag in seinem Leben – und ob wir später auch noch mal am Meer vorbeischauen könnten. Also mussten wir ihm erklären, dass die Geschichte aus dem Buch ein modernes Märchen sei und man von Düsseldorf aus viele Stunden mit dem Auto fahren muss, um ans Meer zu kommen. Große Enttäuschung!

Tim erschien uns schließlich so besessen von dem Buch, dass wir uns sorgten, er könne nachts über den Zaun des Zoos klettern und sich eigenmächtig mit einem Elefanten seiner Wahl auf den Weg machen. Na, es zumindest zu probieren.

Wir weihten auch seine Mutter in unsere Bedenken ein, doch es passierte nichts Ungesetzliches.

Was aber nicht heißt, dass Tim die Geschichte vergaß. Wann immer sich eine Möglichkeit ergab und er auf Menschen traf, die seine Lieblingsgeschichte noch nicht kannten, neue Kinder oder Praktikanten in der Arche zum Beispiel, erzählte er sie ausführlich. Bis er schließlich verkündete: „Ich will ans Meer."

Und manchmal hat eben auch ein kleiner Junge wie Tim Glück. Zufällig war in der Düsseldorfer Arche eine Mitarbeiterin beschäftigt, die aus Rostock kam. Sie plante ohnehin, dort an einem der kommenden Wochenenden ihre Eltern zu besuchen, die ein großes Haus unweit der Ostsee hatten. Erst mal sprach sie ihre Idee mit der Leitung der Düsseldorfer Arche ab, dann lud sie Tims kleine Familie ein, für ein paar Tage mit ihr zusammen nach Rostock zu fahren. Große Freude!

Zwei Wochen später zuckelte ein voll besetzter Kleinwagen über die A 1 Richtung Norden. Neben der Praktikantin, der Mutter und Jan saß dort auch der ungeduldigste Junge der Welt. „Wie weit ist es noch, wann sind wir endlich da?" Auf der fast 600 Kilometer langen Strecke brauchte die Fahrerin natürlich auch zwei kleine Pausen, doch Tim wollte keine unnötigen Unterbrechungen während der Fahrt. Das Ganze dauerte ihm eh schon viel zu lange. Immer wieder drängelte er zur Weiterfahrt.

Dann, endlich, nach mehr als sechs Stunden Autofahrt waren sie am Ziel. Unsere Praktikantin fragte gar nicht erst, ob sie vielleicht vor dem ersten Gang ans Meer noch das Gepäck bei ihren Eltern abladen wollten, denn sie wusste: Das wäre für Tims überspannte Nerven nicht mehr drin gewesen.

Und was sie jetzt erlebte, entschädigte für das durchaus nervige Gequengel der vergangenen Stunden. Tim rannte den Strandaufgang hoch und blieb oben auf dem Deich wie angewurzelt stehen. „Das werde ich nie vergessen", sagte er mit heiligem Ernst. Langsam ging er Richtung Meer, stand mit offenem Mund am Strand und staunte über dieses scheinbar unendliche Wasser. Es war ein sehr windiger Tag und das Tosen der Brandung beeindruckte selbst die Einheimischen. Der Junge konnte sich überhaupt nicht von dem Anblick lösen. Gebannt schaute er auf die Wellen, verfolgte, wie sie an Land schwappten und wieder ins Meer zurückflossen und wieder an Land schwappten … Er schien wie hypnotisiert.

Auch nach einer Stunde wollte Tim noch nicht zurück ins Auto, um endlich zu den Eltern unserer Praktikantin zu fahren, sich aufzuwärmen und zu essen. Nur mit der Aussicht darauf, dass das Meer am nächsten Tag auch noch da sein werde, konnte er schließlich überzeugt werden.

Abends, im Wohnzimmer der Gastgeber, überraschte Tim die Tischgesellschaft mit einer weiteren Nuance seiner Zukunftsplanung: „Wenn ich alt genug bin und endlich in der Arche arbeite, seid ihr ja bestimmt schon tot. Dann nehmen wir euer

Haus und machen daraus eine Arche", verkündete er. „Ich bin dann hier der Chef. Und wann immer die Kinder ans Meer wollen, kann ich sofort mit ihnen losfahren. Dann müssen sie nicht so lange darauf warten wie ich." Und an dieser Idee hält Tim bis heute fest.

2.

Freitagnacht in Hellersdorf

Die Stimmung eines Freitagnachmittags ist immer wieder verheißungsvoll. Man ist noch mittendrin in der Hektik der Woche, doch die Vorfreude auf zwei Tage Auszeit, Ausschlafen und Ausflüge mit der Familie gibt einem noch mal einen ordentlichen Schub an Tatkraft, um mit dem guten Gefühl, ganze Arbeit geleistet zu haben, ins Wochenende zu gehen.

Für unsere Kinder ist das häufig anders. Samstag und Sonntag ist die Arche geschlossen und sie müssen ihre Zeit in der elterlichen Wohnung oder auf der Straße rumkriegen – häufig und vor allem gegen Monatsende ohne eine gesunde warme Mahlzeit, dafür mit viel Zeit vorm Fernseher. Bestenfalls ist es langweilig, schlimmstenfalls gibt es gerade am Wochenende, wenn alle aufeinanderhocken, besonders viel Streit und Gewalt zu Hause. Für viele Kinder ist der Freitag jedes Mal auch ein kleiner Abschied von der lebendigen Gemeinschaft, die sie bei uns erfahren. Komme ich manchmal sonntags in Büro, stehen nicht selten einige am Eingangstor und fragen, ob sie reinkommen dürfen.

Manchmal treibt mich dieses Dilemma um: Einerseits würde ich den Kindern gern sieben Tagen in der Woche Essen und Zuflucht bieten, andererseits weiß ich für mein Team, dass es den Ausgleich braucht, um ab Montag wieder mit voller Kraft und ganzem Herzen bei der Arbeit, also bei den Kindern zu sein. Schließlich machen sie keinen Nine-to-five-Job, bei dem man zum Feierabend den Computer ausschaltet und dann sofort abschaltet, sondern sind emotional extrem gefordert. Sie müssen Streit schlichten, trösten, für die unterschiedlichen Bedürfnisse jedes einzelnen Kindes einen Blick haben und sich leider viel zu oft schier erdrückende Sorgen anhören und dann bestenfalls bei aller scheinbaren Ausweglosigkeit Lösungen finden, um wenigstens ein bisschen Not zu lindern.

Für mich gilt das natürlich genauso. An diesem Freitag erfasste mich diese magische Wochenendvorfreude schon morgens am Frühstückstisch, als ich in der Zeitung las, dass um 22 Uhr mein Lieblingsfilm „Der Patriot" läuft. Der Roland-Emmerich-Streifen über den Amerikanischen Bürgerkrieg schafft es mit seinem Spannungsreichtum immer wieder, mich für gut zweieinhalb Stunden komplett aus dem Alltag zu ziehen.

Diese Woche war extrem anstrengend gewesen mit lauter schwierigen Situationen. Manchmal kommt einfach alles zusammen. Mia war die Treppe runtergefallen, kam mit dem Notarzt ins Krankenhaus und musste zwei Tage in der Klinik bleiben, weil ihr Bein einen komplizierten Bruch hatte. Blaulicht, Martinshorn, das war aufregend für die Kinder, die kein anderes Thema mehr kannten und immer wieder darüber sprechen wollten. Am nächsten Tag waren zwei Zehnjährige ins benachbarte Einkaufszentrum gegangen. Uns hatten sie gesagt, sie müssten etwas für ihre Eltern besorgen; ihren Eltern hingegen, dass sie in die Arche gehen. Als sie nicht nach Hause kamen, machten sich die Eltern Sorgen, suchten sie und schlugen bei uns auf. Aufgebracht warfen sie uns vor, nicht gut genug auf ihre Kinder aufzupassen. Wir konnten es zwar erklären und fanden schließlich auch die Kinder, die sich einfach verbummelt hatten. Aber es war nervenaufreibend und kräftezehrend.

Am Freitagabend um halb zehn war ich schließlich zu Hause, aß noch eine Kleinigkeit und machte es mir auf dem Sofa bequem. Jetzt, da ich mich zu entspannen versuchte, spürte ich jeden einzelnen Knochen, denn wir hatten am Nachmittag auf dem Hof noch mit 20 Kindern Fußball gespielt. Es war nicht zu leugnen: Sie hatten einfach eine bessere Kondition als ich. Der Film lief an, Schauspielernamen flimmerten gerade über den Bildschirm, da klingelte mein Handy. Sofort war mir klar: Der Fernsehabend ist jetzt zu Ende. Und als ich die panische Stimme hörte, schwante mir: Dies wird mich das ganze Wochenende auf Trab halten.

„Bernd, du musst ganz schnell kommen, hier ist etwas Schreckliches passiert", rief die Stimme am anderen Ende der Leitung. Ich hatte Mühe, überhaupt erst mal ihren Namen rauszubekommen, Sonja. Sonja war eine Mutter, die uns mit ihren drei Kindern schon viele Jahre besuchte. Wir kannten uns gut und hatten schon viel miteinander geredet. So panisch, wie sie klang, brauchte ich gar nicht lange zu fragen, was passiert ist, sondern musste sofort losfahren. Also zog ich die Schuhe und Jacke an, nahm Autoschlüssel und Mobiltelefon und fuhr die sieben Kilometer nach Hellersdorf.

Unterwegs rauschte die aufgeheizte Freitagsabendstimmung an mir vorbei. Die Straßen waren trotz der Uhrzeit voll, viele waren noch unterwegs. An einer Bushaltestelle sah ich zwei

Jugendliche, die sich prügelten, und an einer Ecke ein paar viel zu junge Teenager mit Bierflaschen. Ein irritierender Mix aus Vergnügungslust und Aggression lag in der Luft. Der panische Ton in Sonjas Stimme ging mir nach und ich stellte wilde Überlegungen an, was passiert sein könnte. Als ich in ihre Straße einbog, sah ich sie bereits am Straßenrand warten und im Schein einer Laterne winken. Schnell fuhr ich in eine Parklücke, stieg aus und verschloss mein Auto.

„Es ist nichts bei mir", begrüßte mich Sonja, „es ist oben in der fünften Etage. Du kennst die Mutter auch, fahr mal schnell hoch, ich gehe zu mir, um meine Kinder ins Bett zu bringen."

Ich war ein wenig perplex. Eben klang sie so dramatisch, jetzt bringt sie erst mal ihre Kinder ins Bett? Und welche Familie wohnt hier noch im Haus, die ich kenne? Warum rief mich dann Sonja an und nicht die andere Mutter? Auf dem Weg nach oben versuchte ich mich innerlich auf alles gefasst zu machen. Die Fahrstuhltür öffnete sich und ich blickte in den beleuchteten Gang, von dem drei Wohnungstüren abgingen. Eine war weit geöffnet. Im Flur neben der Tür wartete eine Frau und schluchzte heftig. Jetzt erkannte ich Manuela, die auch zu uns in die Arche kam. Sie war ebenfalls Mutter von drei Kindern – allerdings von drei verschiedenen Männern – und diese Tatsache war nicht immer leicht für sie. Oft erntete sie Spott von anderen. Und Kritik, dass sie nichts Vernünftiges gelernt hatte und nicht arbeitete. Sie war noch sehr jung, als sie ihr erstes Kind bekommen hatte, wie so viele der alleinerziehenden Mütter in unserer Einrichtung. Ein Kind, das ihr einst Hoffnung machte, Hoffnung auf einen Neuanfang. Denn auch Manuelas Kindheit war keine heile Welt gewesen, im Gegenteil. Die

Eltern hatten eigentlich nie genügend Geld und konnten ihr bei ihren Lernschwierigkeiten in der Schule überhaupt nicht helfen. Zu sehr waren sie mit dem eigenen Leben und dem Kampf um die Existenz beschäftigt.

Als Manuelas erste Tochter geboren wurde, war sie glücklich, weil es jemanden gab, den sie lieben konnte und von dem sie geliebt wurde. Der Erzeuger des Kindes war schon während der Schwangerschaft abgehauen. So ging es auch mit den nächsten zwei Männern. Manuelas Leben war nicht einfach, denn die wenigsten ihrer Träume konnte sie sich erfüllen. Dennoch versuchte sie eine gute Mutter zu sein und nahm das Angebot der Arche gern an. Ihre Kinder kamen regelmäßig zu uns, aßen, spielten hier und fühlten sich sehr wohl. Sonja und Manuela verstanden sich bestens – genau wie ihre Kinder.

„Geh ins Wohnzimmer", stammelte Manuela verheult, „dann wirst du schon sehen!"

Das Wohnzimmer zu finden war nicht schwer, denn die Plattenbauten in dieser Gegend haben fast alle den gleichen Grundriss. Ich trat ein und der Atem stockte mir: Auf dem Sofa lag ein kleines Kind, wahrscheinlich die dreijährige Tochter. Blut lief ihr quer übers Gesicht, die beiden größeren Kinder standen still an der Luke zur Küche. Schnell holte ich mir einige saubere Tücher, um das Gesicht zu reinigen und um zu sehen, wo die Verletzung war. Das Blut lief von der Stirn übers Auge und ich konnte nicht erkennen, ob es verletzt war, aber es sah so aus. Das hier ging über gängige Erste Hilfe weit hinaus, deshalb sagte ich zu Manuela: „Wir brauchen einen Krankenwagen, ich kann da nicht helfen." Ihre Antwort kam prompt: „Das geht nicht!", sagte sie. Fassungslos starrte ich sie an.

Jetzt mischte sich Melly ins Gespräch ein. Die Achtjährige hatte das Gesicht einer Puppe und sah mit ihren blonden Haaren lammfromm aus. Aber sie hatte ein enormes Temperament und einen großen Mund. Immer redete sie geradeheraus, was sie auf der einen Seite sehr sympathisch machte – andererseits überschritt sie damit gern mal die Grenzen und konnte peinliche Situationen herbeiführen. Einmal fragte sie eine korpulente Spenderin, die die Arche besuchte: „Bist du schwanger oder hast du nur zu viel gegessen?" Klar, sie hatte es sicher nicht böse gemeint, aber ich bekam damals erst mal einen roten Kopf.

„Weißt du, was passiert ist?", fragte Melly mich jetzt freundlich. „Nein, erzähl es mir", antwortete ich und hoffte, dass Manuela in der Zwischenzeit den Krankenwagen rufen würde. „Also", fing Melly an, „wir sollten eigentlich ins Bett gehen. Aber ich wollte vorher noch einen Kakao trinken und habe das halb volle Glas dann im Wohnzimmer auf den Tisch gestellt. Dabei ist es runtergefallen und der Kakao lief auf den Teppich. Und dann wurde Mama sauer!"

Hört man Mellys Bericht, ist die Sache klar: Überforderte Mutter schlägt Kind. Doch hinter dieser Situation steht so viel, was die Achtjährige noch nicht einordnen kann: die vielen kleinen Enttäuschungen, die Manuela über Jahre ausgehalten hat, die geplatzten Träume, die demütigenden Blicke und nicht zuletzt der Alltag mit drei Kindern als alleinerziehende Mutter. Sie kümmert sich um alles, sitzt an ihren Betten, wenn sie krank sind. Ist sie selber krank, muss sie sich um sich selbst kümmern. Keiner kocht ihr Bouillon oder Tee, nimmt sie nach einem anstrengenden Tag in den Arm. Abends will sie oft nur noch ins Bett oder ungestört fernsehen. Ein bisschen abschalten und in fremde Welten fliehen. Als an diesem Freitagabend – wenn Gleichaltrige mit Freunden im Kino oder in der Disco unterwegs sind – so kurz vor der entspanntesten Stunde des Tages der Kakao auf den Boden kippte, verlor Manuela die Nerven. Ihr einziger Impuls: Dampf ablassen, raus mit der Wut, etwas durchs Zimmer werfen, schreien, laut sein. Sie nahm den ersten Gegenstand, den sie fand, und das war ein Tischtennisschläger. Dass nur einen halben Meter neben ihr die dreijährige Tochter stand, sah sie zu spät. Da hatte das Hartholzteil die Kleine schon mit voller Wucht über dem Auge getroffen. Sie brach zusammen, die Mutter legte sie aufs Sofa. Und in ihrer Verzweiflung lief Manuela zu ihrer Freundin Sonja, die dann mich anrief.

Aber ich war der Falsche! Die Kleine brauchte medizinische Versorgung. Vermutlich musste die Wunde genäht werden, dann sauber verbunden und ein Arzt würde prüfen müssen, ob das Auge an sich verletzt ist. Vielleicht hatte die Kleine sogar eine Gehirnerschütterung und musste zur Beobachtung über Nacht in der Klinik bleiben: „Manuela, bitte ruf den Krankenwagen!", sagte ich noch mal eindringlich. „Nein, das kann ich nicht", weigerte sie sich weiter. Ich hatte in diesem Moment nicht den Hauch einer Ahnung, warum sie sich derart querstellte. Manuela wollte doch immer das Beste für ihre Kinder.

Dann brach es aus ihr heraus und sie wirkte bei dem, was sie jetzt sagte, überraschend bestimmt. „Ich bin alleinerziehende Mutter von drei Kindern und das von drei unterschiedlichen Männern. Ich bin arbeitslos und bekomme Hartz IV. Ich habe einen Fehler gemacht und mein Kind verletzt. Rufe ich jetzt den Krankenwagen, dann kommt die Polizei. Die meldet es dem Jugendamt und die nehmen mir die Kinder weg, weil ich asozial bin!" So aufgebracht wie jetzt hatte ich sie noch nie erlebt. Ich sah die Angst in ihren Augen, ihre Kinder zu verlieren, und begann zu erkennen, wie die Leute sie sahen. Ja, sie hatte den Stempel „asozial" auf der Stirn. Das sehen sicher viele in unserer Gesellschaft so. Die wenigsten schauen genau hin, dass Frauen wie Manuela es sich nicht aussuchen konnten, in welche Familie mit welchem finanziellen Hintergrund sie geboren wurden. Niemand hat ihre Hoffnungslosigkeit beachtet oder ihre Wünsche erfüllt, als sie noch ein Kind war. Keiner hat ihr gesagt, wer der richtige Mann für sie sei, oder sie davor gewarnt, ausgenutzt zu werden. Niemand von denen, die sie heute anklagen, stand ihr in all den schlaflosen Nächten mit einem Säugling und zwei Kleinkindern zur Seite. Stattdessen schüttelten die Leute den Kopf. Manuela selbst erkannte, dass sie an diesem Freitagabend alle Vorurteile bestätigte, die man über Menschen wie sie hatte.

„Aber Manuela, du musst doch deiner Tochter helfen!", rief ich und schaute dabei die verletzte Sandy an. Manuela ging durchs Wohnzimmer, öffnete die Balkontür und sagte: „Dann bleibt mir nur noch eins. Ich bringe mich um!"

Ich sprang auf, griff sie am Arm und hielt sie fest. Die Kinder starrten mit angstgeweiteten Augen auf uns. Schon viele Situationen in meinem Leben waren für mich herausfordernd und oft stand ich allein da. So viele Male habe ich aus vollem Herzen gerufen: „Gott, hilf mir jetzt!" Auch dieses Mal. Ich war total ratlos, was ich tun sollte, denn alle im Laufe der Jahre erlernten pädagogischen Tricks oder gar mein Theologiestudium halfen mir hier überhaupt nicht. Nirgends wird man auf solche Situationen vorbereitet. Alles, was ich über Mutterliebe, über

Hoffnung und Glauben wusste, versuchte ich in Worte zu packen, um Manuela zu zeigen, dass sie nicht allein sei und dass ihre Kinder sie brauchten. Mit Engelszungen versuchte ich ihr zu erklären, dass es auch einen Sinn und eine Hoffnung für ihr Leben gäbe – dass sie ihre Kinder nicht allein lassen soll. Schließlich ging sie zum Telefon und rief einen Krankenwagen. Ich schloss die Balkontür.

Nicht einmal fünf Minuten später klingelte es an der Tür. Manuela öffnete und schluchzte wieder los. Nicht Sanitäter standen dort, sondern die Polizei. Ein freundlicher Beamter und seine Kollegin traten ins Wohnzimmer, beide kannten mich und begrüßten mich mit Handschlag. Manuelas Kinder waren ein wenig eingeschüchtert, dass jetzt auch noch die Polizei in der Wohnung stand, und Manuela weinte, als der Beamte fragte, was passiert sei. Ich half ihr zu erklären, weil sie kaum ein deutliches Wort über die Lippen brachte. Die Polizisten hörten geduldig zu. „Das passiert auch schon mal in anderen Familien. Nun machen Sie sich mal nicht allzu große Sorgen", sagte der Beamte mit beruhigender Stimme, und tatsächlich entkrampfte Manuela sich ein bisschen.

In dem Moment fiel mir ein, dass Manuela ihre kleine Tochter Sandy ja ins Krankenhaus begleiten musste und die Polizisten eigentlich den Kindernotdienst rufen müssten. Der würde die Geschwister in einer Jugendhilfeeinrichtung unterbringen. Aber sollten die beiden Kleinen in dieser Nacht noch mehr Traumata erfahren? Erst die dramatische Verletzung der Schwester, dann die Verzweiflung der Mutter, Polizei, Krankenwagen – wie sollten die Kids das bloß alles verarbeiten? „Haben Sie etwas dagegen, wenn die beiden Geschwister heute Nacht bei ihren Freundinnen eine Etage tiefer übernachten? Ich würde mich um alles kümmern", fragte ich die Beamten. „Für die Kids wird es wohl das Beste sein", antwortete der Polizist freundlich. Mir fiel ein Stein vom Herzen, wenigstens etwas, das mal unkompliziert und unbürokratisch klappte.

Jetzt klingelte es wieder an der Tür, dieses Mal war es der Rettungsdienst. Die Sanitäter kümmerten sich sofort um Sandys Wunde und Manuela packte Waschzeug, Schlafanzug und Kuscheltier für Sandy in eine Tasche. Mir fiel ein, dass sie vielleicht noch im Laufe der Nacht wieder nach Hause geschickt würden: Aber wie sollten sie dann herkommen? Mit dem Nachtbus? Mit einem Taxi? Hat Manuela überhaupt Geld dafür? Anstatt sie jetzt mit Fragen zu behelligen, über die sie im Moment noch gar nicht nachdenken konnte, steckte ich ihr einen Zettel mit meiner Handynummer zu und sagte: „Wenn du aus dem Krankenhaus kommst, ruf mich an. Ich hole euch beide gern wieder ab, egal wann!"

Inzwischen war es fast Mitternacht. Nachdem Sandy und Manuela mit Sanitätern und Polizei die Wohnung verlassen hatten, umarmten mich die beiden Großen erst mal vor Erleichterung. Sie wussten, jetzt würde ihrer kleinen Schwester geholfen werden, mit dem provisorischen Verband sah sie auch schon nicht mehr so schrecklich aus. Sonja kam von unten und half mir, Bettwäsche, Zahnbürste und Kleidung für den nächsten Tag zusammenzusuchen. Auch ihre Kinder schliefen noch nicht, hatten sie doch zuvor die aufgelöste Manuela in ihrer Wohnung gesehen und wussten, dass ich im Haus bin. Also versuchten wir, den Abend so beruhigend, wie das in dieser Ausnahmesituation möglich war, ausklingen zu lassen, erzählten noch eine Gutenacht-geschichte und warteten, bis alle schliefen.

Ich fuhr nach Hause, legte mich auf die Couch und versuchte, ein wenig zu schlafen. Doch meine Gedanken kreisten immer wieder um die Worte „Ich bin asozial!". Wie oft muss sie sich diesen Satz schon gesagt haben und wie viel Verzweiflung klang darin mit? Ich stellte mir vor, dass sie oft nachts wach lag und sich nach dem Sinn ihres Lebens fragte. Und wie sie bei allen Alltagsverpflichtungen zwischendrin auf Liebe, Zuneigung und Verständnis hoffte, die sie in ihren kurzen Beziehungen nicht bekommen hatte. Ich dachte darüber nach, wie schnell Menschen ein Stempel aufgedrückt wird, wie schnell sie in einer Schublade landen, in die sie gar nicht passen, aus der sie aber dennoch nicht wieder rauskommen.

Ich erinnerte mich auch an das zehnjährige Mädchen, das eines Tages aufgebracht in der Arche vor mir stand. „Bernd, du bist ein Lügner!", sagte sie zornig. „Du hast gestern zu mir gesagt, dass ich einzigartig, wertvoll und geliebt bin." Aber was war daran gelogen? Sie war es wirklich, ein ausgesprochen reizendes Mädchen, obwohl man in ihren Augen sah, dass es schon viel Trauriges durchleben musste. „Ich habe Mama gestern erzählt, was du zu mir gesagt hast, und sie meinte, dass sie mich lieber abgetrieben hätte. Nein, nein, ich bin ganz bestimmt nicht wertvoll!" Ich rang nach Luft: Wie kann eine Mutter ihr Kind so verletzen? Wie unglücklich muss sie selbst sein, um so etwas zu sagen? „Deine Mama hatte bestimmt einen schlechten Tag, sie hat es nicht so gemeint", versuchte ich sie unbeholfen zu trösten.

Dieser Teufelskreislauf trieb mich um. Warum passiert es, dass gerade diejenigen, die in ihrer Kindheit unter lieblosen, manchmal gar grausamen Eltern gelitten hatten, nun genauso lieblos und grausam zu ihren eigenen Kindern sind? Vermutlich deshalb, weil die eigenen Verletzungen nicht heilen konnten und sie deshalb die Fehler ihrer Eltern wiederholen müssen.

Als ich endlich einschlief, muss es so gegen drei Uhr gewesen sein, doch kurz darauf klingelte das Telefon. Manuela bat mich, sie und die kleine Sandy im Unfallkrankenhaus Berlin abzuholen. Das bedeutete, dass Sandys Verletzungen nicht so schlimm waren wie zunächst befürchtet. Sie hatte lediglich eine Platzwunde direkt über der Augenbraue.

In der darauffolgenden Woche bekam die vierköpfige Familie Besuch vom Jugendamt, so wie Manuela es erwartet hatte. Aber sie durfte ihre Kinder behalten. Zur Unterstützung wurde ihr eine Familienhelferin an die Seite gestellt, die aber nach wenigen Monaten sah, dass Manuela eine gute Mutter war, die ausreichend Geschick und Liebe hatte, um für ihre Kinder zu sorgen. So konnte die Familienhilfe wieder eingestellt werden.

Melly und ihre größere Schwester kamen in der Woche nach dem Unfall täglich in die Arche, um mir zu berichten, wie das Auge der kleinen Sandy an diesem Tag aussah. Um die Narbe leuchtete ein gigantisches Veilchen, das im Laufe des Heilungsprozesses seine Farben von Blau über Grün bis zu Gelb wechselte. Ich war erleichtert über die Unbedarftheit, mit der die Geschwister von der Wunde erzählten, als sei sie eine Trophäe. Doch fragte ich mich, wie es in Sandy aussah. Was sie erlebt hatte, war traumatisch. Erst die Wucht des Tischtennisschlägers, dann das viele Blut, der Versuch der Mutter, sich vom Balkon zu stürzen, schließlich Polizei, Krankenwagen und Notaufnahme. Und wie hatte sie es aufgefasst, dass ich ihr nicht helfen konnte? Würde Sandy sich ab jetzt immer wieder an diesen Freitagabend voller Panik und Dramatik erinnern, wenn sie mich sehen würde? Würde sie vielleicht sogar Angst vor mir haben?

Wenige Wochen nach dem schrecklichen Freitagabend war unser großes Sommerfest auf dem Hof der Arche. Die Kids tobten auf Hüpfburgen und rannten von einem Aktionsstand zum nächsten. Auf Bierbänken saßen die Eltern bei Bratwurst und Crêpes. Es war ein richtiges Familienfest, zu dem viele Hundert Menschen kamen und ihren Spaß hatten. Nachdem ich meine Begrüßungsrede gehalten hatte, kletterte ich von der Bühne und entdeckte dabei mitten in der Menschenmenge Sandy mit ihrer Mutter. Es war das erste Mal, dass wir uns wiedersahen, und ich hatte ein bisschen Angst vor der Begegnung. Sandy sah mich auch sofort. Beide blieben wir für einen Moment stehen, dann rannte Sandy los. Glücklicherweise nicht weg von mir. Sie sprang mir in die Arme und umarmte mich. Es schien, als wollte sie mich gar nicht mehr loslassen. Ich war unglaublich erleichtert über diese stürmische Begrüßung – und vor allem darüber, dass Sandy den ganzen Nachmittag einen quietschvergnügten Eindruck machte. Jetzt war ich sicher, sie hatte dieses schlimme Erlebnis gut verkraftet.

Einige Monate später zog die junge Familie weg von Hellersdorf und wir hatten viele Jahre keinen Kontakt mehr.

Im letzten Sommer allerdings waren wir mit etwa 130 Kindern in einem Feriencamp in der Nähe von Berlin. Als wir einen Ausflug in ein Spaßbad machten, trat im Gedränge an der Rutsche plötzlich ein junges Mädchen auf mich zu, etwa 13 Jahre alt: „Kennst du mich noch?", fragte sie. Fünf Jahre lang war es her, da sah ich sie und ihre Familie das letzte Mal in der Arche. „Na klar, du bist Melly. Wir haben uns ja ewig nicht gesehen, wie geht's dir und wie geht es den anderen, vor allem Sandy?", fragte ich. „Gut, aber frag sie doch selbst, sie hat heute Geburtstag und deshalb sind wir hier."

In dem Moment kam ein blondes Mädchen um die Ecke, mittlerweile acht Jahre alt, und ich hätte sie nicht erkannt, wenn Melly mir nicht gesagt hätte, dass dies Sandy ist. „Kennst du mich noch?", fragte ich, fast ein bisschen eingeschüchtert. „Na klar", antwortete Sandy. Sie musste inzwischen etwa in der zweiten Klasse sein, hatte nach dem Umzug neue Freunde gefunden und sich in einer fremden Umgebung eingelebt. Wie leicht vergisst man in dem Alter sein vorheriges Leben? Umso erstaunter war ich über die Antwort: „Du bist Bernd. Du hast mir geholfen, als Mama mich mit dem Tischtennisschläger verletzt hat!" Es kam mir vor, als hörte ich Dankbarkeit in ihrer Stimme.

Wann immer im Fernsehen „Der Patriot" läuft, denke ich an Manuela und ihre Kinder. Seit der Begegnung im Schwimmbad allerdings nicht mehr mit der bangen Frage, was wohl aus ihnen geworden ist, sondern von ganzem Herzen erleichtert.

3.

Geld spielt keine Rolle

„Kann ich reinkommen oder dürfen hier nur arme Kinder spielen?" Mit diesen Worten kam der zehnjährige Mario auf uns zu. Schon ein paar Minuten hatte er unschlüssig am Eingangstor gestanden, dann sprach er einen Erzieher an. In diesen Tagen kamen ständig neue Kinder, denn wir hatten erst wenige Wochen zuvor einen großen Wunsch von mir erfüllt und in Meißen eine Arche eröffnet.

Mario ist ein Einzelkind und lebte damals noch nicht lange in der Stadt. Seine Eltern sind beruflich sehr eingespannt und erfolgreich. Bereits vier Mal sind sie in den letzten Jahren jobbedingt umgezogen. Für die Eltern mag jeder Umzug der nächste Schritt auf der Karriereleiter gewesen sein, für den Jungen aber waren die häufigen Ortswechsel eine Katastrophe. Mario kommt mir vor wie ein Ball, der auf einem Fluss von einem Ort zum anderen treibt. Ich stelle mir den Jungen manchmal in meinen Gedanken vor, wie er von einem unsichtbaren Strom mitgerissen wird, um schließlich in die grenzenlose Weite des schwarzen Ozeans gespült zu werden. Dann gibt es aber auch wieder Phasen, so wie jetzt in Meißen, in denen Mario sich treiben lässt, von Tümpel zu Tümpel. Doch dann, wenn er nicht damit rechnet, geht es um eine Flussschleife herum, hinter der er jäh einen Wasserfall hinabstürzt.

Da seine erfolgreichen Eltern kaum zu Hause sind, kümmert sich ein Au-pair-Mädchen aus Norwegen um ihn; jedes Jahr ein neues, an das er sich gewöhnen muss. Sein Vater ist häufig tagelang im Ausland unterwegs und die Mutter verlässt morgens um neun Uhr das Haus und kommt in der Regel nicht vor 20 Uhr zurück. Geld gibt es in Marios Leben genug. Was ihm fehlt, ist gemeinsame Zeit mit seinen Eltern – und beständige Freundschaften.

Schon die ersten Sätze, die der sympathische, freundliche Junge an uns richtete, ließen uns aufhorchen: „Ich habe von euch in meiner neuen Schule gehört. Ich bin zwar schon ein Mann, sagt Mama, und Geld habe ich auch. Kann ich trotzdem hierbleiben?" So war noch kein Kind in der Arche auf uns zugekommen, aber natürlich war auch Mario willkommen. Und er fand schnell andere Kinder, mit denen er spielte. Er ist ein offener Junge, sehr kontaktfreudig, doch in Meißen hatte er bis jetzt wenige Freunde. Das sollte sich nun ändern. In der Arche traf er Dennis, einen gleichaltrigen Jungen, der schon längere Zeit zu uns kommt. Aber das Verhältnis der beiden zueinander war anders, als wir es sonst von den Kindern kennen. Es war ganz offensichtlich, dass die beiden sich mochten, aber irgendwie verhielt sich Mario seinem neuen Freund gegenüber auffallend reserviert.

Wir sprachen Mario in einem stillen Moment darauf an und wollten wissen, warum er sich gegenüber Dennis so verhält.

Die Antwort verblüffte uns: „Ich will nicht, dass wir irgendwann die dicksten Freunde sind und uns dann wieder trennen müssen. Das habe ich schon oft erlebt und dann war ich jedes Mal ganz lange traurig." Für uns war klar: Der Junge leidet extrem unter den häufigen Umzügen. Das mussten wir ansprechen, so vereinbarten wir einen Termin mit seinen Eltern.

Die Familie lebte in einem großen, schönen Haus. Marios Mutter ist eine attraktive Frau um die vierzig. Sie bat uns herein und führte uns in einen geräumigen, lichtdurchfluteten Wohnbereich. Noch bevor wir uns richtig vorstellen konnten, ergoss sie einen leidenschaftlichen Wortschwall über uns. „Sie sind also von der Arche. Ich gebe zu, ich sehe es nicht so gern, dass Mario dort immer wieder hingeht. Wir sind nicht arm, ganz im Gegenteil, und bei Ihnen trifft er ja eher Kinder aus der Unterschicht. Ob das so gut für ihn ist, weiß ich nicht. Aber er will da ja unbedingt hin und er ist ja schon ein junger Mann, also lasse ich ihn machen."

Wir waren verblüfft. Tatsächlich treffen wir bei Hausbesuchen selten auf solch imposantes Mobiliar und auch nicht auf solch wortreiche Reden. Doch sie war uns gegenüber immerhin geradeheraus und das ermutigte uns, ihr unseren Eindruck von Mario zu schildern.

Wir ließen einige Momente verstreichen. Natürlich lag es uns fern, die Mutter zu kränken oder ihr vorzuwerfen, dass sie ihren Sohn emotional vernachlässigen würde, deswegen wählten wir unsere Worte mit Bedacht. „Wissen Sie eigentlich, dass Mario einsam ist? Schon oft musste er seine Freunde zurücklassen und immer wieder in einer neuen Stadt und einer neuen

Schule von vorn anfangen. Er ist Freundschaften gegenüber sehr misstrauisch und hat Angst, auch Meißen bald wieder verlassen zu müssen. Mario kommt uns wie ein Dampfkessel vor, der irgendwann explodieren wird."

Vor der Mutter stand ein Glas Mineralwasser, aber sie machte keinerlei Anstalten, es zu ergreifen, sondern ließ ihren Blick stattdessen über mehrere bis an die Decke reichende Regale voller Bücher schweifen. Plötzlich schien sie etwas zu entdecken. Zwischen mehreren Bilderrahmen, die auf einem der Regalböden standen, klaffte inmitten der opulenten Bände eine Lücke. Das dazugehörige Buch lag auf einem Sessel in ihrer Reichweite. Sie stand auf, stellte das Buch zurück und antwortete: „Ich weiß nicht, was Sie wollen, aber der Junge bekommt alles, war er will. Er braucht uns nur zu fragen."

Kein idealer Gesprächsauftakt, doch überraschenderweise redeten wir dann noch fast eine Stunde miteinander, sachlich und vernünftig. Es kam jetzt auch durch, dass sie als Mutter natürlich merkte, dass Mario nicht rundum glücklich war. Aber sie wollte es bisher nicht wahrhaben. Mit dem Vorschlag, dass sie uns mal in der Arche besuchen kommen solle, verabschiedeten wir uns schließlich. Wir waren uns nicht sicher, ob sie darauf eingehen würde.

Tatsächlich kam sie einige Wochen später zu uns, als Mario auch da war. Wie viele Besucher unserer Einrichtung war sie schnell begeistert von der Atmosphäre in der Arche. Und vor allem sah sie, wie gelöst und unbeschwert ihr Sohn dort mit Gleichaltrigen spielte und einen sehr glücklichen Nachmittag verbrachte.

Im Gespräch schilderten wir ihr unseren Eindruck, dass Mario sich inzwischen gut in Meißen eingelebt hatte. Er wirkte ausgeglichener und zufriedener als noch zu Beginn seiner Zeit in der Arche. Wir versuchten zu erfragen, ob in absehbarer Zeit ein weiterer Umzug der Familie anstand. Lächelnd lehnte sich die Mutter in den üppig gepolsterten Ledersessel zurück, den wir von einer netten alten Dame geschenkt bekommen hatten. Dann rückte sie mit der Neuigkeit heraus: „Ich habe mich entschlossen, künftig von zu Hause aus zu arbeiten und nur noch ganz selten zu reisen. Mein Mann wird zwar weiterhin häufiger unterwegs sein, aber immerhin ich werde mehr Zeit für Mario haben. Und wir haben uns jetzt entschieden, dass wir in Meißen bleiben wollen, denn wir haben nette Freunde gefunden und fühlen uns hier wohl. Vor allem für Mario ist es so am besten. Und natürlich darf er auch in Zukunft die Arche besuchen."

Das hatten wir nicht erwartet. Wir freuten uns sehr für Mario, der natürlich rundum glücklich auf die Neuigkeit reagierte. Er organisierte zusammen mit uns eine große Party in der Arche, nur wenige Wochen nach seinem Geburtstag. Es kamen auch viele Kinder aus seiner Schule, die sonst nicht die Arche besuchten. Und bei diesem Fest bekam er mit elf Jahren zum ersten Mal einen selbst gebackenen Kuchen von seiner Mutter. Sie selbst sagte: „Für so etwas hatte ich in meinem ersten Leben keine Zeit."

4.

Lukas und wie er die Welt sieht

Er ist zwölf und wohnt in Hamburg. Er hat drei Geschwister, Eltern, die seit fast zehn Jahren arbeitslos sind und ganz bestimmt nicht das, was man eine unbeschwerte Kindheit und Jugend nennt. Wenn er in die Arche kommt, erzählt er uns davon. Und wir staunen, wie es Lukas schafft, in seiner trostlosen Umgebung so fröhlich zu bleiben.

Lukas ist das älteste Kind in der Familie, deshalb hat er als Einziger ein eigenes Zimmer, die drei Geschwister müssen sich eins teilen. Er ist wahnsinnig stolz auf sein kleines Reich, in dem ein Keyboard, eine Playstation und ein gigantischer Fernseher wie Trophäen stehen. Der Raum hat nur einen Nachteil: Er ist das Durchgangszimmer zum Wohnzimmer und gleicht damit einer Durchgangsstraße für die sechsköpfige Familie. Aber Lukas kann den Betrieb um sich herum ausblenden. Meistens liegt er auf dem Bett und hört Musik, natürlich mit den coolen, großen Kopfhörern, die ihm Opa Kalle geschenkt hat.

Wie es bei Lukas aussieht, wissen wir nur aus seinen Berichten, denn die Wohnung darf ausschließlich von Familienmitgliedern betreten werden, seit der Vater eines Tages brüllte: „Ab heute kommt mir keiner mehr ins Haus, der nicht mein Sohn oder meine Tochter ist." Eine Begründung gibt er nicht. Auch für Arche-Mitarbeiter und Opa Kalle gilt das „Hausverbot". Lukas' Papa kann seinen Schwiegervater nicht ausstehen. Kürzlich lieferte uns Lukas eine mögliche Begründung, warum kein Außenstehender zu Besuch kommen darf: „Papa ist immer so unordentlich. Er lässt in der Wohnung alles herumliegen, sogar seine schmutzigen Unterhosen. Das ist voll ekelig."

Lukas wäscht und bügelt seine Wäsche selbst, denn seine Eltern haben keinen richtigen Überblick über die Notwendigkeiten der Haushaltsführung. Es scheint ihnen auch vollkommen gleichgültig zu sein, ob und wie es Lukas gelingt, sich in dem schwierigen Umfeld der Nachbarschaft zu behaupten. Sie fragen nicht nach seinen Schulnoten oder kontrollieren seine Hausaufgaben. Lukas' Eltern interessieren sich für nichts und haben den Glauben, dass sie jemals wieder arbeiten werden, längst aufgegeben, vermutet der Sohn.

Anders Opa Kalle: Der interessiert sich richtig für seinen ältesten Enkelsohn und verbringt gern und viel Zeit mit ihm. Zum Glück wohnt er gleich um die Ecke, nur wenige Hundert Meter von der Wohnung der Familie entfernt. Sooft es geht, besucht Lukas Opa Kalle. Mit ihm ist alles unbeschwert. Die beiden spielen zusammen Karten, trinken eine Cola und hin und wieder führt Opa Kalle seinen Enkel zum Essen in einen Imbiss aus, manchmal sogar zu McDonald's. Papa darf davon nichts wissen, der würde Lukas die Treffen mit seinem Opa sofort verbieten. Und den Geschwistern verrät er auch nichts davon, sonst würden sie ihn verpetzen. Für Lukas ist das eine schwierige Situation. Denn wenn sein Vater ihn doch mal fragt, wo er den ganzen Tag über war, muss er sich etwas ausdenken und lügen. Selbst die Besuche in der Arche wollte er ihm kürzlich verbieten: „Da gehen nur arme Kinder hin", brüllte er Lukas an. Zum Glück schob er dann noch ein unwirsches „Ach, mach doch, was du willst" hinterher und das wertete Lukas ganz pragmatisch als Erlaubnis. Kürzlich kam ihn der Opa sogar in der Arche abholen.

Der hat übrigens einen richtig coolen Job, findet Lukas. Er ist Busfahrer und fährt fast jeden Tag durch Hamburg. „Der hat auch immer Geld", strahlt Lukas, denn bei seinem Enkel ist der Opa immer sehr großzügig. Seine kleinen Geschenke versüßen Lukas das Leben.

„Eine Oma hat Opa Karl nicht zu Hause, ich weiß auch nicht, ob es die irgendwo gibt", erzählte er kürzlich in der Arche: „Früher muss er aber ja mal eine Oma gehabt haben, sonst wäre Mama ja nicht gekommen." Als wir alle schallend loslachen, strahlt Lukas. Wann erlebt er das schon mal, diese wohlwollende Zustimmung? Zu Hause jedenfalls nicht.

Wenn Lukas drei Wünsche freihätte, wäre einer, dass seine Eltern netter zu ihm sind. „Die schreien immer so rum!" Er versteckt sich dann vor ihnen in seinem Geheimversteck, einem Schrank in seinem Zimmer, aus dem er zwei Regalbretter herausgenommen hat. In dem dadurch entstandenen Hohlraum kann Lukas locker für einige Stunden abhängen und chillen.

Noch nie hat ihn jemand aus der Familie dort gefunden, obwohl das Schrankversteck doch im Durchgangszimmer steht, an dem sie alle ständig vorbeikommen. Vielleicht denken sie, er sei draußen zum Spielen, vermutlich ist es aber noch viel trauriger und ihnen fällt gar nicht auf, dass Lukas nicht da ist.

Außer, wenn das Fernsehprogramm umgeschaltet werden muss. Dummerweise hat der Vater irgendwann die Fernbedienung im Chaos der Wohnung verloren: „Der Papa ruft immer nach mir: ‚Schalt mal den Fernseher an.' Und dann muss ich das auch sofort machen, sonst wird der schrecklich wütend." Das bedeutet, Lukas hockt jeden Tag vier bis fünf Stunden mit vorm Fernseher und springt auf, sobald sein Vater einen anderen Kanal schauen will. „Papa und Mama gucken mindestens zehn Stunden jeden Tag", sagt Lukas. „Fernsehen" ist auch Lukas' Antwort auf die Frage, was er denn zu Hause machen kann. Um null Uhr schaltet er den Fernseher aber aus, da seine Mutter sich sonst beschwert. Doch manchmal guckt er dann noch heimlich Gameshows im Fernsehen. Lukas ist der Meinung, dass er deshalb klüger ist als die anderen in der Schule und als die Kids in der Arche sowieso. Anrufen, um Fragen zu beantworten, tut er jedoch nicht, er ist ja noch keine 18 Jahre alt. Lukas fühlt sich aber schon wie vierzehn, und wenn er gelegentlich den großen Macker schiebt, kommt er sich sogar schon mal wie sechzehn vor.

Lukas' hauptsächliches Fortbewegungsmittel ist der Bus. Damit fährt er auch zur Schule und von dort oft direkt in die Arche.

Neulich hielt der Bus vor seiner Schule und er stieg zusammen mit seinen Freunden ein. Überraschung! Opa Kalle saß am

Steuer. Neben Lukas stand an diesem Tag sogar seine Deutsch-
lehrerin, der er dann sagen konnte, dass der Fahrer sein Opa
ist. Lukas war mächtig stolz. Wer hat schon einen Busfahrer als
Opa? Mehr ging wirklich nicht. Bis heute erzählt Lukas immer
wieder diese Geschichte, die ihn irgendwie zum lokalen Hel-
den machte. Zumindest sieht Lukas das so. Trotzdem wünscht
sich Lukas unbedingt ein Fahrrad. Er hatte schon mal eines,
aber das funktionierte irgendwann nicht mehr richtig. Sein
Vater wollte es reparieren und baute es auseinander. Die Ein-
zelteile liegen bis heute im Keller. Mit einem neuen Fahrrad in
der Schule vorfahren, das stellt sich Lukas schon ziemlich cool
vor.

In der Arche interessiert sich Lukas besonders für die Autos,
mit denen einige Kinder von der Schule abgeholt oder auch
zu den zahlreichen Aktivitäten am Nachmittag gefahren werden.

Im Moment ist Lukas fast täglich in der Hamburger Arche. In
den Ferien kommt er sogar oft schon frühmorgens zu uns, da
er sich hier das Frühstück nicht selbst machen muss und sich
endlich mal an einen gedeckten Tisch setzen kann. Im Sommer
kann er sich immer wieder aufs Neue dafür begeistern, dass
man in der Arche so viel trinken darf, wie man mag, ohne dafür zahlen zu müssen. Zu Hause heißt es: „Sauf doch Leitungs-
wasser, das kostet fast nichts!" Lukas lebt in der Arche richtig
auf, ist voll dabei, erzählt gern und stürzt sich begeistert auf die
vielen Angebote – er kickert gern, spielt Tischtennis oder Bil-
lard. Manchmal allerdings prügelt er sich mit anderen Kindern.

Keine bestimmten, sondern die, die ihm gerade über den Weg laufen. Warum er das gerne tut, kann er aber nicht sagen.

Was er später mal werden möchte, weiß Lukas noch nicht genau. „Irgendwas mit fahren" soll es sein. Es muss gar nicht schnell sein, wichtiger ist ihm, dass man mehrmals zwischendurch anhalten muss. „Pausen sind ja auch ganz wichtig für eine Zigarette", so Lukas. „Aber das entscheide ich später aus meinem Kopf, von einer Sekunde auf die andere", so Lukas zu einem Kumpel in der Arche. „Wenn ich später nicht rauche, dann kann ich ja auch durchfahren." Lebensentwürfe eines Zwölfjährigen.

Lukas macht sich überhaupt viele Gedanken über die Welt. Es sei ganz wichtig, dass es Müllautos gebe, da sonst ja alle Mülltonnen überfüllt wären und die ganze Welt eine riesige Mülltonne sei, so wie bei ihm zu Hause. Manchmal belehrt er uns auch darüber, wie wichtig Geschwindigkeitsbegrenzungen seien. Sonst könnten Kinder, wie er es auch schon erlebt hat, von den zu schnell fahrenden Autos angefahren werden. Lukas beobachtete schon mehrmals, dass Menschen Kleidung aus Altkleidercontainern klauen. Das kann er gar nicht verstehen, da diese Menschen doch Kleidung haben und sie sich leisten können, andere sie aber dringend brauchen. Erwischt er jemanden dabei, hat er keine Scheu, ihn anzumeckern. Ein weiterer Wunsch von Lukas ist, dass es mehr Polizisten in der Stadt geben soll. Damit nicht so viel geklaut wird.

Manches, was Lukas sagt, mag sehr simpel klingen. Doch mich rührt es jedes Mal wieder zu sehen, wie bewusst sich dieser Zwölfjährige mit der Welt, in der er lebt, auseinandersetzt. Wie interessiert er Tag für Tag ein Stück lernen und entdecken will, statt sich so wie seine Eltern vor den Fernseher zu hängen. Und wie tapfer er versucht, sich sein eigenes kleines Leben aufzubauen, jenseits von seinem schrecklichen Elternhaus.

☆ Kinderwünsche

Ich wünsche mir viel Liebe und Gesundheit für meine Familie.

Ich wünsche mir, dass meine Eltern glücklich zusammenbleiben, bis zum Ende ihres Lebens.

Ich wünsche mir, dass es keine Konflikte in der Familie gibt.

Ich wünsche mir, dass Mama und Papa wieder arbeiten gehen.

Ich wünsche mir, dass meine Mutter nicht mehr fies zu mir ist.

Ich wünsche mir, dass Mama und Papa wieder zusammenkommen.

Ich wünsche mir, dass es mit meinen Eltern besser wird.

Ich wünsche mir, dass ich endlich meine Mutter sehen kann.

Ich wünsche mir, dass meine Mama ganz doll in Sicherheit ist.

Ich wünsche mir, dass wir nicht hier wohnen müssen, wo es so dreckig ist.

Ich wünsche mir, dass wir nicht mehr so wenig Geld haben.

Ich wünsche mir, dass wir nicht arm werden und auf der Straße leben müssen.

Meine Mama wünscht sich Rosen und ich möchte, dass sie sie bekommt.

Ich wünsche mir, dass meine Mutter ewig lebt.
Ich wünsche mir, mit meiner Familie zu sterben.
Ich wünsche mir, dass ich und meine Familie nach dem Tod bei Gott sind.

5.

„Was mischen Sie sich denn da ein?"

Steve ist einer unserer typischen Arche-Jungs. Er spielt Fußball, wann immer ihm ein Ball vor die Füße kommt, tobt am liebsten draußen herum, lacht gern laut und ist für jeden Schabernack zu haben – ein echter Lausbub, hätte man früher gesagt.

Für die Schule kann sich der inzwischen Zwölfjährige weniger begeistern, aber er kommt leidlich zurecht, seine Leistungen sind mittelmäßig. Das war allerdings nicht immer so. Es gab Zeiten, da haben wir uns um seine Zukunft große Sorgen gemacht.

Als Steve in der zweiten Klasse war, kam seine Mutter mit ihm zu uns in die Arche, weil sie davon gehört hatte, dass Kinder hier ganz individuell schulisch gefördert werden. Leider ist es im gängigen Schulsystem so, dass sich die Kinder auf die Schule einstellen müssen. Ich bin davon überzeugt, dass es andersherum besser wäre: Die Lehrer schauen bei jedem Kind ganz individuell, wo seine Stärken und Schwächen liegen, und richten ihren Unterricht danach aus.

Steve jedenfalls hatte damals große Schwierigkeiten, lesen und schreiben zu lernen. Seine Mutter, die einen 400-Euro-Job und selbst nur einen schlechten Bildungsabschluss hatte, konnte ihren Sohn nicht richtig unterstützen. Steves Vater arbeitete bei einem Wachdienst und machte regelmäßig Überstunden, damit am Monatsende etwas mehr Geld da war. Es reichte fast nie. Dennoch: Trotz ihrer angespannten finanziellen Lage wollten diese Eltern ihrem Sohn vorleben, dass es sich lohnt zu lernen und zu arbeiten. Deshalb war es ihnen auch so wichtig, dass Steve seine Lese-Rechtschreib-Schwäche überwindet, und sie baten in der Arche um Hausaufgabenhilfe. Kein Problem, dafür sind wir da, auch wenn der Kleine anfangs nicht sonderlich interessiert war und lieber draußen gespielt hätte – vor allem an sonnigen Tagen.

In Steves Klasse waren 32 Schüler, die meisten nicht besonders lernbegierig. In vielen Familien gab es finanzielle und emotionale Probleme, die die Kinder belasteten. Getrennt lebende Eltern, neue Partner, ein ständig laufender Fernseher, Wochenenden, an denen die Kinder viel zu spät ins Bett kamen, und häusliche Gewalt waren nur die Spitze des Eisbergs. Die fast 60-jährige Lehrerin hatte alle Hände voll zu tun, die Klasse überhaupt „durchzubringen", wie sie es nannte. Alleine die Kinder einigermaßen ruhig und auf den Stühlen zu halten, war für sie jeden Tag aufs Neue eine Herkulesaufgabe. Um die Kinder mit Lernschwäche konnte sie sich deshalb nicht annähernd ausreichend kümmern.

Eines Tages kam Steves Mutter am Schuljahresende sehr besorgt zu uns: Ihr Sohn hatte zwar die Versetzung in die dritte Klasse geschafft, wenn auch mit einer schlechten Beurteilung in Deutsch, doch die Direktorin bat die Eltern zu einem Termin. Steves Mutter ist zwar sehr fürsorglich und liebevoll, steckt aber voller Ängste, Fehler zu machen oder gar als Mutter zu versagen. Immer wieder fragte sie uns: „Bin ich wirklich eine gute Mutter?" Sie machte sich viele Gedanken darüber, wie sie ihrem Sohn besser helfen könnte, und dachte oft an ihre eigene Mutter zurück, die nie viel Zeit für sie hatte und bei der sie sich immer wie das fünfte Rad am Wagen fühlte. Erst durch ihre Beziehung mit ihrem jetzigen Mann stabilisierte sich das Leben der Frau einigermaßen, aber mit der Verantwortung für ihr eigenes Kind kamen die alten Selbstzweifel zurück.

Wir bauten Steves Mutter immer wieder auf, indem wir ihr die vielen positiven Seiten ihres Sohnes aufzeigten. Er war zwar manchmal sehr draufgängerisch, aber gleichzeitig sehr hilfsbereit und liebenswürdig. Er strotzte nur so vor Selbstbewusstsein, auch eine wichtige Grundlage im Leben. Allerdings konnten wir nach und nach beobachten, dass ihn seine Lese-Rechtschreib-Schwäche inzwischen belastete, weil ihn die Lehrerin vor der ganzen Klasse damit aufzog.

Nach dem Gespräch mit der Direktorin stand eine um Jahre gealterte Frau in der Arche. Tränen liefen über ihre Wangen, sie zitterte am ganzen Körper: „Steve muss auf die Lernbehindertenschule! Aber er ist doch gar nicht behindert!", presste sie hervor.

Die im Osten Berlins immer noch gängige Bezeichnung dieser Schulform regte uns schon länger extrem auf. Sowohl „Sonderschule" als auch der offizielle Name „Förderschule" klingen doch viel weniger drastisch. Inklusion war seinerzeit noch kein

Thema an Deutschlands Schulen; die Devise hieß: Wer nicht mitkommt, muss auf die nächstschwächere Schule.

Man hatte der Mutter eröffnet, dass ihr Sohn nach den nächsten Ferien die Schule wechseln solle, weil er sich in Deutsch nicht nachhaltig verbessert hatte. Da der mittlerweile Achtjährige täglich bei uns die Hausaufgaben machte, konnten wir seine Leistungen aus eigener Erfahrung beurteilen. Natürlich war er kein Musterschüler, aber in Mathematik, Sachkunde und den anderen Fächern hatte er durchschnittliche Noten. In Sport glänzte er mit einer Eins. Den Jungen nur wegen seiner Fünf in Deutsch abzuschieben, konnte einfach nicht der richtige Weg sein. Unser Eindruck war, dass die überforderte Klassenlehrerin ihn und andere Kinder aus der Klasse loswerden wollte, um es anschließend leichter zu haben.

Wir wussten allerdings aus unserer Erfahrung der vorherigen Jahre: In Förderschulen sind diese Kinder häufig fehl am Platz, da sie meistens nur in einem Fach Probleme haben. In den anderen Fächern sind sie dann schnell unterfordert und gelangweilt. Motivation sieht anders aus. Häufig werden gerade an Brennpunktschulen schnell solche kurzsichtigen Fehlentscheidungen getroffen, die aber das gesamte weitere Leben des Kindes verändern und prägen.

Manchmal fragen wir uns in den Archen, ob wir in unserem Land wirklich die richtige Sicht auf Kinder und ihre Bedürfnisse haben. Werden Kinder als diejenigen gesehen und vor allem behandelt, an die wir all unser Wissen weitergeben wollen – als junge Menschen, in die wir all unsere Hoffnung hineinlegen? Es macht uns wütend, wenn wir sehen, wie schnell

Kinder in unserem Schulsystem auf dem Abstellgleis landen. Es macht uns traurig, wenn wir sehen, wie viel Potenzial dieser einzigartigen kleinen Menschen auf der Strecke bleibt, weil Erwachsene über sie entscheiden, die sich nicht die Mühe machen, sie überhaupt genau anzusehen.

Für Steve, da waren wir uns in der Arche einig, mussten wir kämpfen. Dieser Junge hatte es nicht verdient, wegen einer zu vollen Klasse, einer überforderten Lehrerin und einer Lese-Rechtschreib-Schwäche als „lernbehindert" abgestempelt zu werden. Wir vereinbarten mit der Mutter einen Termin bei der Schulbehörde. Natürlich hatte sie Angst davor. Sie, diese kleine und zierliche Person, sollte zur Behörde gehen und sich beschweren? Sie fürchtete, dass sie sich dort und anschließend bei der Schuldirektorin Probleme einhandeln würde. Aber es kam anders: Wir saßen einem sehr kompetenten und netten Beamten gegenüber, der uns aufmerksam zuhörte. Interessiert fragte er uns von der Arche, in welcher Art und Weise wir den Jungen in Zukunft außerschulisch unterstützen und fördern könnten. „Ist doch gar kein Problem", überraschte uns der ältere Herr schließlich: „In diesem Fall...", so sagte er zu Steves Mutter, „... steht Ihrem Kind ein Integrationslehrer zu, den die Schule stellen muss. Ihr Sohn muss nicht auf eine Förderschule! Ich werde mich umgehend mit der Direktorin in Verbindung setzen." Steves Mutter strahlte vor Glück. Nun war endlich Licht am Ende des Tunnels zu sehen.

Einige Tage später klingelte das Telefon im Pädagogenbüro der Arche. Eine aufgebrachte Frau schimpfte: „Ich weiß gar nicht, was Sie das angeht, warum mischen Sie sich da überhaupt ein?" Es stellte sich heraus, dass die Anruferin eine Mutter aus Steves Klasse war. Eine Mutter, die sich kümmerte, eine Mutter, der das Wohl ihres Kindes am Herzen lag. Auch sie merkte, wie schwierig es war, dass ihr Kind mit so vielen Schülern in einer Klasse war und nicht genügend Förderung erhielt.

Sie erzählte von dem Elternabend, der am Vortag stattgefunden hatte. Die Lehrerin hatte sich dort offenbar beklagt, dass sie nun von der Direktorin als Förderlehrerin für Steve bestimmt worden sei, zusätzlich zu ihrer Aufgabe als Klassenlehrerin. Sie beklagte, dass Steve den Klassenverband beim Lernen ausbremse, aber dies wegen des Einsatzes der Arche und somit dem Eingreifen der Schulbehörde nicht zu ändern sei. „Wie stellen Sie sich das denn überhaupt vor?", fragte die Mutter. „Jetzt muss die Lehrerin, die jetzt schon 32 Kinder hat, auch noch die Integrationslehrerin für Steve werden?" So war das zwar rein theoretisch nicht gedacht, aber da es an der Schule Personalmangel gab, hatte die Direktorin der Klassenlehrerin einfach die Aufgabe zusätzlich aufgebrummt.

Natürlich waren die meisten Eltern an diesem Abend sehr aufgebracht und sauer auf die Arche. In ihren Augen hatten wir uns zu sehr eingemischt. Keinem ging es um Steve, jeder hatte nur sich und sein Kind im Blick. Dass Steve ansonsten durch den Rost fiel, war offenbar allen egal oder es machte sich zumindest niemand Gedanken darüber, aber die Lehrerin hatte es ja auch nicht anders vermittelt und selbst die Direktorin schien mit diesem „Fall" überfordert zu sein.

Es war die Geburtsstunde eines Sündenbocks. Denn von nun an wurde Steve von den Mitschülern nur noch gemobbt. Selbst Lehrerin und Direktorin ließen ihn spüren, dass er der

Grund aller Probleme in der Klasse war. Jeden Tag besuchte uns die Mutter und erzählte, was vormittags in der Schule wieder vorgefallen war. Immer häufiger ging sie nicht zur Arbeit und bekam schließlich Ärger mit ihrem Chef. Sie wurde regelrecht krank, weil sie merkte, wie sehr ihr Sohn litt. Dabei versuchte Steve sogar, die Probleme von seiner Mutter fernzuhalten. Schließlich war sie so kraftlos, dass sie eines Tages vor uns saß und sagte: „Ich habe die Nase voll, ich kann nicht mehr. Ich melde Steve jetzt in der Lernbehindertenschule an, vielleicht ist es ja doch besser. So geht es jedenfalls nicht weiter."

Sie hatte recht. Die bisherige Schule war eine Sackgasse. Auch wenn Steve jeden Tag zu uns in die Arche kam und seine Hausaufgaben machte, schwand sein Interesse am Lernen von Tag zu Tag mehr. Seine Noten wurden immer schlechter, und wir beobachteten, dass ein richtiger Hass auf alles, was mit Schule zusammenhing, in ihm aufkam. Aber ein Kind aufgeben? Niemals!

Wir überredeten die Mutter, sich nach einer anderen Grundschule umzusehen, die Steve trotz seines Förderbedarfs aufnehmen würde. Sie war nach ihren Erfahrungen zwar skeptisch und bekam in der Tat zahlreiche Absagen von den Direktoren anderer Schulen – aber dann doch eine Zusage zum Probeunterricht.

Zwar war Steve nur für einen Schnuppervormittag in der Klasse, in der ebenfalls 30 Kinder beschult wurden, aber ihm fiel sofort die völlig andere Atmosphäre auf. Am Nachmittag beschrieb er uns die Lehrerin als konsequent, aber liebenswürdig. Und noch wichtiger: Er hatte sofort das Gefühl, dass sie ihn ernst nahm und wertschätzte. An diesem Tag machte ihm

Schule seit Langem das erste Mal wieder Spaß, und ein kleiner Hoffnungsschimmer flackerte auf.

Steve wechselte die Schule und war nun endlich an einem Ort angekommen, an dem er in einer guten Umgebung lernen konnte, wo man ihn akzeptierte und wo ein guter Integrationslehrer ihm half, seine Lese-Rechtschreib-Schwäche anzupacken. Innerhalb eines Schuljahres verbesserte er sich in allen Fächern um eine Note. Was für ein Fortschritt! Und dieses clevere Kerlchen hatte man auf eine Förderschule stecken wollen!

Dieser Schulwechsel war vor gut drei Jahren. Er brachte erst mal die nötige Ruhe ins Leben der kleinen Familie. Doch dann musste Steve verkraften, dass sich seine Eltern trennten. Steves Vater lernte an seinem Arbeitsplatz eine Kollegin kennen und verließ innerhalb weniger Tage Frau und Sohn. Die neue Lebensgefährtin des Vaters verlangte, dass der alle Brücken zu seiner alten Familie abreißt. Und das tat er. Steve und sein Vater haben sich nie wieder getroffen. Inzwischen kann Steve damit gut leben, denn die Mutter wohnt heute zusammen mit ihm unweit von München und schuf damit sowohl räumlich als auch emotional Abstand.

Wir wissen, dass es Steve gut geht. Er besucht eine Schule, in der er sich sehr wohl- fühlt. Wenn er so weitermacht, schafft er den Realschulabschluss.

Bei uns in den Archen gibt es so viele Kinder, in denen Talente schlummern, die noch geweckt werden müssen. Diese Kinder brauchen besonders starke Lehrer oder einfach Menschen, die sich Zeit für sie nehmen, genau hinschauen und ihnen die Tür öffnen, damit sie in die richtige Richtung gehen können. So wie Steves Mutter: Sie konnte ihn zwar nicht in Sachen Grammatik & Co. unterstützen, aber sie war so klug und couragiert, sich und ihrem Sohn Hilfe zu organisieren. Ab jetzt, da sind wir sicher, wird der Junge seinen Weg machen.

6.

Aus dem Abseits gekickt

Das warme Mittagessen ist ihm nicht so wichtig. Hauptsache, er kann nach der Schule mit seinen Freunden kicken. Seit der Eröffnung kommt Cen, 15, täglich in die Kölner Arche. Ein offener und temperamentvoller Junge, der davon träumt, ein Fußballstar zu werden.

Wenn er auf dem Platz steht, ist Cen der Spielmacher. Er trommelt die Mannschaft zusammen und dirigiert sie. Cen gibt den Ton an, und der ist bestimmt von Teamgeist und Fairness – „Los, nicht unterkriegen lassen, das holen wir auf!" oder „Kommt, schüttelt euch die Hand und weiter!" sind typische Cen-Sätze.

Auch abseits des Platzes war Cen anfangs der Chef seiner Clique. Doch seine Ideen waren dabei nicht immer die besten. Und sein Temperament ging immer wieder mit ihm durch. Freche Antworten, Respektlosigkeit und offensichtlich aggressives Verhalten waren an der Tagesordnung. So verging kaum ein Tag, an dem der damals Zwölfjährige nicht in Schlägereien und Streitereien verwickelt war.

Sogar Geschäfte in der Umgebung der Arche, die Betreiber eines Parkhauses und Anwohner beschwerten sich regelmäßig über Cens Clique. Die Jungs liefen laut pöbelnd durch die Straßen, warfen Stinkbomben in Geschäftseingänge oder machten Dinge kaputt. Eine Erzieherin aus der Kindertagesstätte, die gegenüber der Arche liegt, wurde einmal sogar verletzt, als es auf dem Außengelände zum Streit mit Cen und seinen Freunden kam.

Abends, wenn wir die Arche schließen wollten, belagerten die Jungs uns zeitweise regelrecht. Sie traten wie ein Mob auf, weigerten sich zu gehen, provozierten uns und machten noch mal ordentlich Randale.

Auch wenn er für seine rüpelhaften Aktionen von den Arche-Mitarbeitern die „Rote Karte" bekam und das Gelände verlassen musste, stand er am nächsten Tag wieder vor uns, sogar wenn er wusste, dass die Sperre für mehrere Tage verhängt worden war.

Auch in der Schule eckte er an. Obwohl er ein intelligenter Junge ist, wurde er wegen seines ständigen Fehlverhaltens auf die Förderschule versetzt. Heute gibt er selbstkritisch zu, dass er sich das selbst eingebrockt hat. Und natürlich ist es ihm sehr peinlich gegenüber anderen, sagen zu müssen, dass er auf die Förderschule geht. Sein großes Ziel ist es, wenigstens auf die Hauptschule zu wechseln.

Cens Familie kommt ursprünglich aus der Türkei, doch er selber ist in Deutschland geboren. Sein Vater arbeitet in einem Kölner Autohaus, seine Mutter als Reinigungskraft. Er hat eine jüngere Schwester, die ebenfalls gelegentlich in die Arche kommt. Auch sein Vater ist dankbar, dass Cen zu uns kommt und nicht auf der Straße rumhängt.

An einem Freitag im Advent veranstalteten wir einen Wettkampf im Plätzchenbacken: Überraschenderweise waren nicht nur die kleinen Kids sofort einverstanden. Cool, ein Battle! Im Nu fanden sie sich zu Gruppen zusammen und legten sich so richtig ins Zeug, konzentrierten sich und übertrumpften einander mit Optimierungsvorschlägen. Erst freuten wir uns über diese gelungene Idee, doch dann entdeckten wir nicht nur ungeahnte Backtalente, sondern auch ein kleines Tütchen Marihuana auf dem Tisch von Cens Team. Erwischt! Natürlich leugneten die Jungs alles, keiner konnte sich erklären, woher das Zeug gekommen sein könnte. Als wir auch die Eltern informierten, waren die Jungs empört und zugleich ängstlich, dass es nun noch mehr Ärger geben werde. Doch als Cen eine Woche später wiederkam, meinte er, dass sein Vater ein gutes Aufklärungsgespräch mit ihm geführt hatte und er keinen Ärger bekommen hat. Übrigens war es Cens Team, das den *Battle* gewonnen hatte.

Seit seinem neunten Lebensjahr spielt Cen in einem Fußballverein. Fußball ist sein Leben. Immer wieder schwärmt er davon, dass er mal in einem bekannten Fußballverein wie Viktoria Köln oder der Fortuna spielen möchte. Man kann sagen, dass der Sport Cens Leben auf die richtige Spur gebracht hat. Das, was er auf dem Platz mühelos lebt – Fairness, Teamgeist, Durchhaltevermögen –, hat er nach und nach auch in seinem Alltag anzuwenden gelernt. Er muss nicht mehr permanent provozieren und sucht bei Streitigkeiten nach faustfreien Lösungen. Und das kam so:

Im Dezember 2013 trafen wir uns mit Verantwortlichen von Viktoria Köln und erzählten von Cen und seinen Kumpels und ihrem Traum vom Profifußball. Daraufhin besuchte uns ein Scout des Vereins und ließ unsere Jungs vorspielen. Acht von ihnen lud er direkt zu einem Fußballcamp ein, die Kosten übernahmen verschiedene Sponsoren. Und danach nahm man Cen tatsächlich in die U12-Mannschaft auf. Inzwischen war er im Rahmen der Talentförderung sogar mal bei einem National-mannschaftstraining.

Und wer hätte es gedacht? Cen lernt jetzt kräftig, um von der Förderschule auf die Hauptschule wechseln zu können, denn einen anständigen Abschluss machen die Vereine zur Bedingung, wenn sie Jugendliche fördern. Letztes Jahr stand in Cens Klasse ein Schulpraktikum auf dem Lehrplan. Cen kam selbstständig auf uns zu und bat um Hilfe bei den Bewerbungen. Er wollte seine Sache richtig gut machen. Unser Arche-Mitarbeiter Samuel nahm sich viel Zeit, mit Cen erst mal mögliche Stellen durchzugehen, bei den Unternehmen anzurufen und ihm beim Schreiben der Bewerbungsunterlagen zu helfen. Er war begeistert, wie selbstständig, respektvoll und wortgewandt Cen die Telefonate mit den Unternehmen führte.

Wenn Cen heute in der Arche ist, sitzt er gerne mit uns Mit-arbeitern am Tisch und quatscht. Er erzählt von seinem Leben, dem Training bei Viktoria und was er alles in Berlin machen möchte, wenn die geplante Teeniefahrt dorthin endlich mal stattfinden sollte. Er hat seinen Horizont erweitert, will mehr vom Leben als Randale und Kiffen. Er ist höflich und respektvoll, hilft rührend den Kleineren in der Arche, nimmt sie vor anderen in Schutz und bindet sie auch mal in ein Fußballspiel ein. Von dem aggressiven Hitzkopf keine Spur mehr. Der Sport hat ihn gerettet.

Als wir vor einer Weile zusammensaßen und über die vielen Möglichkeiten sprachen, die sich ihm durch das Engagement von Viktoria Köln bieten, sagte Cen etwas, was uns im ersten Moment verblüffte: „Aber hauptsächlich habe ich das der Arche zu verdanken, denn ihr habt den Scout überhaupt erst eingeladen. Die Arche ist echt cool und ihr helft uns Jugendlichen und den Kindern sehr. Ich werde euch später auch mal unterstützen." Das war ein riesiges Kompliment. Und die Vorstellung, dass Cen uns irgendwann als gefeierter Bundesligaprofi besucht, für uns wirbt und seinen kleinen Fans Kicker-Tricks beibringt, lässt mir eine Gänsehaut über den Rücken laufen.

7.

Irgendwo zwischen Lagerhalle und Bundesstraße

Ein gewaltiger Knall weckt die Schwestern. Laute Stimmen im Wohnungsflur, dann geht die Tür auf. Stechender Qualm vernebelt den Raum, die Mädchen beginnen zu husten und zwei Polizisten mit schwarzen Anzügen und Helmen stiefeln in ihr Zimmer. Ihre Gesichter sind nicht zu erkennen. Tanja weint, ihre kleine Schwester will aus dem Bett springen und zu ihr flüchten, doch der Polizist schnappt sie und rennt mit ihr aus dem Zimmer. Der andere packt Tanja und läuft mit ihr hinterher, raus aus der Wohnung, durchs Treppenhaus, nach unten vor die Tür, wo mehrere Polizeiautos stehen. Jetzt erst nehmen die Uniformierten die Helme ab. Und die unheimlichen Gestalten verwandeln sich in zwei junge Frauen mit langen blonden Haaren, die beruhigend auf die Mädchen einreden und ganz viel lächeln. Dann bringen sie die Schwestern in eine Kinderschutzeinrichtung.

Tanja ist elf Jahre alt und wohnt zusammen mit ihrer Mutter und ihrer neunjährigen Schwester in einer kleinen Zweizimmerwohnung in Berlin. Die beiden Mädchen teilen sich ihr

Zimmer mit zwei Kaninchen, Tanjas ganzer Stolz. Ihre Mutter ist arbeitslos und hat sich vor einer Weile von Tanjas leiblichem Vater getrennt. Seit einigen Monaten gibt es im Leben der Mutter einen neuen Mann. Die Polizei vermutete, dass er mit Drogen dealt, und stürmte deshalb die Wohnung.

Tanjas echter Papa stammt aus Burkina Faso, einem kleinen Land in Westafrika. Er wohnt jetzt nur wenige Hundert Meter entfernt von ihrem Zuhause. In den ersten Wochen nach der Trennung hat er sich kaum gemeldet, doch inzwischen unternehmen die Mädchen regelmäßig etwas zusammen mit ihrem Vater. Erst neulich waren sie zu Gast auf einem afrikanischen Fest. Das fand Tanja sehr schön und aufregend. Und das Essen hat gut geschmeckt, viel leckerer als das, was es bei ihnen zu Hause gibt. Mama kocht nicht besonders gerne und ihr neuer Freund sowieso nicht.

Unter der Woche frühstücken die beiden Schwestern in der Schule. Dafür müssen sie kein Geld bezahlen und mittags essen sie kostenlos in der Arche. Der neue Freund von Mama, Raffael, weiß das nicht und schenkt beiden Mädchen jeden Tag zwei Euro für einen Burger. Mama zwinkert dabei immer so lustig. Sie weiß: Das Geld geben sie für Süßigkeiten und Limonade aus. Mama wird sie jedenfalls nicht verraten. Auch, weil sie möglichst viel Zeit zu zweit mit ihrem neuen Freund haben will. Ins Wohnzimmer dürfen die Mädchen jetzt jedenfalls oftmals nicht mehr. Rafael will dort mit ihrer Mutter allein sein.

Wenn Tanja traurig ist, und sie ist in letzter Zeit häufiger traurig, geht sie in ihr Zimmer und hört Musik, meistens mit Kopfhörern, damit sie den Rest ihrer Familie nicht stört. Dann streichelt sie ihre zwei Kaninchen, kuschelt sich an ihr weiches Fell. Die beiden Tiere werden von ihr wie richtige Familienmitglieder behandelt, die sogar ein Weihnachtsgeschenk bekommen. Und manchmal sind die beiden Kaninchen einfach diejenigen, denen sie von ihren Sorgen erzählt, gemeinen Schulkameraden oder dem nervigen Raffael.

Die Polizei fand übrigens keine Drogen in der Wohnung von Tanjas Familie – und auch nicht in Rafaels eigener Vierzimmerwohnung, von der Tanjas Mutter bei dieser Gelegenheit erstmals erfuhr. Die Kinder waren bereits am Nachmittag wieder zu Hause und alles war wie immer. Als ob nichts passiert wäre.

Offiziell lebte auch Raffael von Sozialhilfe, aber an Geld mangelte es ihm offenbar nie. Sogar ein „dickes Auto" habe er, erzählte Tanjas Mutter stolz in der Arche. Sauer war sie nur, dass sie von all dem Geld so gut wie nichts abbekam.

Wenn Tanja mit ihrer Schwester in der Arche ist, erzählt sie manchmal, wie sie sich durchschlägt. Ihr ist klar, dass die Mutter sehr aufs Geld achten muss und eigene Wünsche zurückstellt. Am Monatsende, wenn Ebbe in der Haushaltskasse ist, bietet Tanja ihr sogar von ihrem Taschengeld an, doch das lehnt die Mutter meistens ab. Dann hilft sie auf andere Weise, gibt ihre Euros nicht für Süßigkeiten aus, sondern kaufte kürzlich fünf Packungen Billignudeln. Die gab es dann auch fast eine

Woche lang jeden Abend zu essen. Nach drei Tagen konnte Tanja keine Pasta mehr sehen und schaufelte sich mittags in der Arche so den Bauch voll, dass sie am Abend keinen Hunger mehr hatte.

Was Tanja schwerer fällt ist, den Wunsch ihrer Mutter zu erfüllen, dass Raffael, die Mädchen und sie wie eine kleine Familie zusammenhalten. Fast täglich streiten sich die Mädchen mit dem neuen Mann. Er will einfach immer nur mit der Mutter allein sein.

Über die Frage, was sie sich wünschen würde, wenn sie drei Wünsche freihätte, muss Tanja gar nicht erst nachdenken. „Ich will, dass meine Mama mehr Geld hat und dass Raffael endlich verschwindet", antwortet sie blitzschnell. „Und ich würde gern ein Pferd mit einem Stall haben", fügt sie noch an. „Am liebsten auf meiner Geheimwiese."

Die Geheimwiese liegt hinter einer Lagerhalle, gar nicht weit weg, doch kaum jemand weiß von ihr, denn man muss durch dorniges Gestrüpp. Diese Wiese ist das Geheimnis von Tanja und ihren Freundinnen. Etwas, das sie nur für sich haben, wo ihnen niemand reinredet oder über sie bestimmt. Wenn sie sich auf den Weg dorthin machen, müssen sie eine sehr stark befahrene Straße überqueren. Die Ampel ist dreihundert Meter entfernt, doch das ist ihnen zu weit. Also nehmen sich die Mädchen an die Hand und warten auf eine Lücke im dichten Autoverkehr. Wenn sie sich anschließend auch noch durch das Dickicht der Bäume und Sträucher geschlagen haben, finden sie auf der Wiese ihre Ruhe. Hier können die Mädchen entspannen und ungestört ihre Rollenspiele machen, klettern, tanzen oder einfach nur daliegen und in den Himmel schauen. Während des Sommers nimmt Tanja auch ihre Kaninchen mit auf die Wiese und lässt sie dort frei herumhoppeln. Die geheime Wiese ist neben der Arche Tanjas Stammplatz geworden. Eine Mitarbeiterin aus dem Arche-Team durfte sogar einmal mit auf die Wiese – ein großer Vertrauensbeweis. Ein Paradies, weit weg von Raffael oder auch der Schule.

Dorthin geht Tanja nämlich gar nicht gern. Ihre Lehrerin kann sie nicht mehr leiden, seitdem die sie vor der ganzen Klasse bloßgestellt und ihre schlechten Zensuren laut verlesen hat. Was haben die anderen Kinder gelacht! Sie und acht weitere Mitschüler aus ihrer Klasse werden von der Pädagogin gern „Hartz-IV-Fraktion" genannt. Tanja hat das anfangs gar nicht verstanden, aber jetzt weiß sie, dass damit die Kinder arbeitsloser Eltern gemeint sind. Ungleichbehandlung, Hänseleien und Gewalt unter den Schülern gehören für Tanja zum Alltag. Vor allem die aggressive Sprache einiger Kids setzt ihr zu. Gemeine rassistische Kommentare wie „Ey, du Neger" und „Hanuta" versucht Tanja zu ignorieren. Sie will sich nicht provozieren lassen und geht Ärger aus dem Weg, wo es nur geht.

Aber es geht nicht immer: Kürzlich war sie mit einer Freundin zum Lernen verabredet. Direkt nach dem Mittagessen in der Arche machte sich Tanja auf den Weg zur Wohnung ihrer Mitschülerin. Sie klingelte. Ein verschwitzter Mann in Unterhemd und mit Zigarette im Mundwinkel öffnete die Tür einen Spaltbreit und dröhnte: „Neger kommen mir nicht in die Wohnung." Brutal knallte er Tanja die Tür vor der Nase zu. Tanja lief zurück zur Arche. Entsetzt und voller Scham erzählte sie uns, was passiert war. Ein Teamkollege ging zu dem Mann, klingelte an der Haustür und wollte ihn bitten, Tanja nicht so rüde abzuweisen. Doch auch er wurde nur beschimpft: „In meiner Wohnung bestimme ich, wer reindarf. Und dazu gehören auf keinen Fall Neger."

Wir können den Kindern mit der Arche zwar einen Ort bieten, an dem sie Anteilnahme und echtes Interesse erfahren. Aber in die Familien kommen wir nur, wenn man uns lässt. Auch nach dem Polizeieinsatz in Tanjas Wohnung wollte eine Arche-Mitarbeiterin die Familie besuchen. Doch Raffael ließ sie nicht rein. Er schrie: „Die Kinder dürfen in die Arche kommen, aber hier bei uns habt ihr nichts verloren!"

Man könnte meinen, Tanja habe genug von Erwachsenen, so abweisend sich Raffael verhält, so kaltherzig die Lehrerin und so schwach ihre Mutter ist. Doch Tanja hat die Gabe, sich Hilfe zu suchen und Menschen, die es gut mit ihr meinen. Einige Tage nach dem Polizeieinsatz ging sie allein auf die Wache, um nach den beiden blonden Frauen zu suchen. Sie wollte von ihnen wissen, ob Mamas neuer Freund in Ordnung sei, wie sie sich ausdrückte. Natürlich durfte die Beamtin ihr keine Details erzählen. Aber sie wies sie auch nicht ab. Und Tanja ist sehr stolz auf ihre neue Freundin, wie sie die junge Frau inzwischen nennt.

Es gibt vieles in Tanjas Leben, was schwer auszuhalten ist, vor allem, wenn man erst elf ist. Dennoch wirkt sie oft glücklich.

Sie fühlt sich wohl bei uns in der Arche, sie ist ganz eng und vertraut mit ihrer Schwester, sie hat Freundinnen – und die geheime Wiese, auf der sie sich frei fühlt, irgendwo zwischen Bundesstraße und Lagerhalle.

☆ Kinderwünsche

Ich wünsche mir:

☆ niemals erwachsen zu werden.

☆ einen Regenbogen zu sehen.

☆ Spiderman zu werden.

☆ nach Mallorca zu fliegen.

☆ auf dem Mond zu landen.

☆ König der Welt zu sein.

Ich wünsche mir:

☆ einen eigenen Garten mit ganz vielen Blumen.

☆ einen Pool.

☆ für später ein großes Haus, ganz für mich
  alleine.

☆ einen guten Job, wo ich genügend Geld
  verdiene.

☆ eine schöne Frau, ein großes Haus, ein Auto,
  einen Job und Geld.

☆ dass ich Glück in der Liebe habe.

☆ noch einmal in den Zoo gehen zu können.

☆ in Urlaub zu fahren.

Ich wünsche mir:

☆ eigene Freunde.

☆ einfach zu leben.

☆ dass keiner mich schlägt.

☆ dass wir eine gute Zukunft haben.

8.

Der Geburtstag

Die Frau konnte sich überhaupt nicht beruhigen. Sie war etwa Mitte 30 und stand weinend und mit verzweifeltem Blick in unserem Büro. Wir kannten sie nicht und hatten erst mal keine Idee, was sie so aus der Bahn geworfen hatte. Klar war nur: Sie brauchte Hilfe.

In den nächsten zwei Stunden erzählte sie ihre Geschichte: Vor etwa einem Jahr war sie mit ihren zwei Kindern vor ihrem Mann geflüchtet. Die junge Frau hatte in Berlin-Hellersdorf schnell eine günstige Wohnung gefunden, doch das Trauma, dem dominanten Mann entkommen zu sein, zehrte so sehr an ihr, dass sie es nicht wagte, mit anderen darüber zu sprechen. Schon gar nicht mit offiziellen Stellen. Zwar meldete sie sich ordnungsgemäß mit ihrer neuen Adresse an, teilte auch dem Amt mit, wohin das Kindergeld ab jetzt überwiesen werden sollte, doch ließ sie sich weder beim Jobcenter als arbeitslos registrieren, noch beantragte sie beim Jugend- oder gar Sozialamt Hilfe.

Vom Kindergeld, das sie jeden Monat erhielt, kaufte sie Lebensmittel, doch das Geld reichte natürlich nicht annähernd für Miete, Strom oder sonstige Kosten. Natürlich kamen nach wenigen Monaten die ersten Mahnungen, dennoch dauerte es fast ein Jahr, bis die Wohnung zwangsgeräumt wurde. Mutter und Kinder standen über Nacht auf der Straße.

Für mich ist es immer wieder erstaunlich, dass Familien mit Kindern ihre Wohnung verlieren und niemand das Jugendamt darüber informiert. Dabei gibt es doch eigens hierfür eingerichtete Stellen. Müsste der Schutz für Kinder nicht höchste Priorität haben? Seit Jahren kämpfen wir gegen solche unhaltbaren Situationen, bisher scheinbar vergebens.

In ihrer Angst, im Obdachlosenheim zu landen oder gar ihre Kinder zu verlieren, kam die Frau zu uns: „Bitte helfen Sie mir", sagte sie immer und immer wieder. Aber wie könnte diese Hilfe aussehen? Eine Meldung beim Jugendamt? Welche Folgen hätte das? Und wer übernimmt die Kosten für diese Frau, die an ihrer Situation nach der Rechtsprechung ja selber schuld ist? Wie stabil ist die Frau psychisch, können wir sie in ihrem aufgelösten Zustand überhaupt ohne Begleitung von hier weggehen lassen? Lauter Fragen, die weitere Fragen nach sich zogen. Die ungelösten Probleme türmten sich vor uns auf, doch dann tat sich plötzlich eine erste Lösung auf. Eine unserer Mitarbeiterinnen hat neben ihrer Wohnung noch ein kleines Gartenhäuschen, in dem sie regelmäßig die Sommermonate verbringt. „Die drei können erst mal dort unterkommen, bis wir etwas für sie erreicht haben", erklärte sie. Das war ein großherziges und -artiges Angebot und die Mutter zog – zwar mittellos, aber glücklich – mit ihren Kindern Kalle, 5, und Denise, 7, ein.

Eine Arche-Mitarbeiterin begleitete die Familie in den nächsten Tagen zu den Ämtern und zum Jobcenter. Diese Termine forderten alles von der Mutter. Wie gut, dass alle Sachbearbeiter auf den Ämtern viel Verständnis zeigten. Nach zwei Monaten zogen die drei schließlich in ihre eigene Wohnung. Geld gab es vom Jobcenter und alle Formalitäten waren erledigt.

Kalle und Denise kamen seit dem Hilferuf ihrer Mutter jeden Tag in den Kinderbereich der Arche, um hier zu essen, zu spielen und Freunde kennenzulernen. Kalle war sehr temperamentvoll, ein kleiner Junge mit großer Berliner Schnauze, der den ganzen Nachmittag auf dem Arche-Hof Fußball spielte und in null Komma nichts mit allen Kindern und Erziehern im Haus Bekanntschaft schloss.

Denise hingegen musste viel vom väterlichen Missbrauch mitbekommen haben, denn sie war anfangs ein sehr in sich gekehrtes Mädchen, das nicht viel sprach. Kurz nach dem Umzug in die neue Plattenbauwohnung wurde sie eingeschult. Das Lernen fiel ihr sichtlich schwer. Ihre Gedanken kreisten um so vieles, was nichts mit Buchstaben oder Zahlen zu tun hatte. Sie fürchtete sich davor, ihren Vater womöglich wieder zu treffen, sorgte sich um ihre Mutter und hatte Angst, sie zu verlieren. Und die vielen schlimmen Erlebnisse der Vergangenheit lasteten auch noch auf ihr.

Sie saß jeden Nachmittag in der Hausaufgabenhilfe, denn hier konnte sie besser lernen als im Unterricht, weil sich eine Mitarbeiterin nur für sie Zeit nahm und ihr noch mal ganz ruhig erklärte, was in der Schule am Vormittag behandelt wurde. Zuerst musste die Siebenjährige lernen, sich zu konzentrieren und aus ihrer Traumwelt zu erwachen. Sie brauchte jemanden an ihrer Seite, der viel Geduld hatte, und da war sie bei uns genau an der richtigen Stelle. Denise fasste Vertrauen und begriff allmählich die Zusammenhänge besser.

Die Monate vergingen und die beiden Kinder entwickelten sich prächtig in unserer Einrichtung. Kalle fand immer mehr Freunde, die mit ihm Fußball spielten oder gern auch mal über Tische und Bänke sprangen. Die Mitarbeiter und vor allem auch die jungen Praktikanten genossen seine fröhliche, aufgeschlossene Art, auch wenn er manches Mal über die Stränge schlug.

Jeden Tag besuchte Kalle mich für ein Weilchen in meinem Büro, platzierte sich auf der anderen Schreibtischseite, als sei er der Assistent des Vorstands und fragte: „Was kann ich dir helfen?" Dann holte er Ausdrucke aus dem Drucker oder kopierte etwas für mich, erzählte dabei aus der Schule oder von zu Hause. Er war einfach wahnsinnig redselig.

Einmal saß Kalle mit einer Praktikantin im Kidscafé. Hier kann jeder spielen, basteln, etwas trinken oder nur abhängen, es ist der offene Bereich, den die Kinder besuchen, wenn sie gerade an keinem Kurs oder einem anderen Programmpunkt teilnehmen. Und hier trug sich folgender Dialog zu.

Kalle: „Ich habe zwei Väter."

Praktikantin: „Äh, wie, was meinst du? Ich verstehe gerade nicht, was du mir sagen willst."

Kalle: „Ich habe zwei Väter, ist doch nicht so schwierig zu verstehen, oder hast du gerade einen Aussetzer?"

Praktikantin: „Ach, du meinst Gott und deinen richtigen Vater, richtig?"

Kalle: „Quatsch mit Soße. Mein richtiger Vater, den hasse ich, der ist ein Arschloch."

Praktikantin: „Kalle, so etwas sagt man nicht, erst recht nicht über seinen Vater."

Kalle: „Doch, der ist bescheuert, der hat uns missbraucht, den hasse ich wie die Pest."

Praktikantin: (Schweigt. Sie weiß, dass Kalle viel durchgemacht hat, und beschließt abzuwarten, worauf das Gespräch hinausläuft.)

Kalle: „Aber ich habe noch einen richtigen Vater."

Praktikantin: „Ach, hat deine Mama etwa einen Freund?"

Kalle: „Nein, Mama hat keinen Freund, aber meinen Papa kennst du schon. Es ist Bernd, der hat immer Zeit für mich und er liebt mich, so wie ich bin!"

Jetzt fiel der Groschen bei der jungen Frau. Na klar, das hatte sie schon von einigen Kindern gehört, dass sie mich Papa oder Papa Bernd nennen.

Ich war allerdings erstaunt, als sie mir von diesem Gespräch berichtete. Denn es gab schließlich bereits mehr als zehn Archen in Deutschland. Ich war viel unterwegs und besuchte die Mitarbeiter, Kinder und Sponsoren reihum in den Städten und war nicht häufiger als zwei Tage pro Woche in unserer Hellersdorfer Einrichtung, sah Kalle also gar nicht so häufig. Doch anscheinend reichte dem inzwischen Sechsjährigen meine kurze

Anwesenheit, um sich sicher zu fühlen. Klar, er kam immer sofort mit anderen Kids in mein Büro, wenn ich da war. Er fragte mich aus, wie die Kinder in den anderen Arche-Häusern waren, und wollte aber auch immer wieder kurz von sich erzählen und berichten, was bei ihm in der Zwischenzeit gelaufen war.

Für Kalle war ich wie ein Vater. Ein verlässlicher Vater, den er nie hatte. Sicher wünschte er sich einen solchen Halt und die Arche wurde für ihn und seine Schwester im Laufe der Monate zu einem zweiten Zuhause. Anders als vielleicht in der Schule spielten ihre gesellschaftliche Schicht oder ihre familiären Verhältnisse bei uns überhaupt keine Rolle. Hier bekamen sie vorbehaltlos Aufmerksamkeit und Liebe, hier waren Menschen, die an sie glaubten und sie förderten. An diesem Ort mussten sie sich keine Gedanken über die Arbeitslosigkeit ihrer Mutter machen. In der Arche konnten sie hundertprozentig Kind sein.

Denise entdeckte in dieser Zeit ihre musikalische Begabung. Obwohl sie eigentlich eher zurückhaltend war, traute sie sich irgendwann, an unseren wöchentlichen Chorproben teilzunehmen, und sang in den verschiedenen Musicals mit, die wir einstudierten. Sie hatte eine zarte, aber klare Stimme, wagte sich zwar nicht, einen Solopart zu übernehmen, aber sie gab dem Chor das gewisse Etwas. Das steigerte auch ihr Selbstwertgefühl insgesamt, sodass sie auch in der Schule deutlich sicherer und besser wurde.

Auch sie kam häufig in mein Büro, sie umarmte mich zur Begrüßung und zum Abschied, erzählte aber nicht viel von sich.

Ihre braunen Augen strahlten und ich spürte, dass ihr Vertrauen zu uns und auch zu mir über die Monate gewachsen war. Sie war angekommen, konnte wieder lachen und spielte selbstständig mit anderen Kindern oder den Mitarbeitern.

In unseren Mitarbeitergesprächen brachten wir gemeinsam oft zum Ausdruck, wie glücklich wir waren, dass Denise und Kalle hier bei uns ihre schwere Vergangenheit vergessen konnten und so richtig unbeschwert Kind sein konnten.

Dann stand ein ganz besonderes Ereignis an: „Ich habe am Dienstag in zwei Wochen Geburtstag", sagte Kalle, nachdem er ein Tor geschossen hatte. „Ich werde sieben, vergesst das nicht", und schaute dabei alle Kinder seiner Mannschaft an. Auch die Mitarbeiter informierte er an diesem sonnigen Nachmittag und rannte dabei wie von der Tarantel gestochen von Raum zu Raum. „Ich habe am Dienstag in zwei Wochen Geburtstag", betonte er. Und wenn Kalle das Gefühl hatte, jemand hätte nicht richtig zugehört, wiederholte er es einfach.

In den nächsten Tagen konnten wir es schon fast nicht mehr hören, denn jedes Mal, wenn Kalle irgendeinen Raum betrat, dann erwähnte er den wichtigen Termin. Er wollte wohl auf Nummer sicher gehen und auf keinen Fall vergessen werden.

Kalle war jetzt fast zwei Jahre bei uns und wusste daher genau, wie wir die Geburtstage unserer Kinder begehen. Nicht nur, dass wir ihnen gratulieren und singen, wenn sie an ihrem Ehrentag aus der Schule kommen, nein, sie bekommen auch ein Geschenk und wir feiern außerdem einmal im Monat mit allen Geburtstagskindern des jeweiligen Monats ein Fest. Und

Kalle liebte es, gefeiert zu werden. Schoss er ein Tor, dann strahlte er wie die Sonne, und klopfte ihm dann jemand anerkennend auf die Schulter, war er ganz außer sich. Bei guten Schulnoten war es ähnlich, dann lief er stolz wie ein Präsident nach erfolgreicher Wahl durch die Arche und gab seine Erfolge bekannt.

Endlich, endlich war der Tag da. Jedes der 300 Arche-Kinder, sämtliche Mitarbeiter und wer sonst noch im Haus war, wussten, dass Kalle heute Geburtstag hatte. Jeder würde ihn anlächeln und ihm gratulieren. Gleich nach der Schule rannte er mit seiner Schwester zu uns, ihrem zweiten Zuhause. Kurz vor dem Arche-Haupteingang trafen sie ihre Mutter, die scheinbar zufällig an dem Gebäude der ehemaligen Grundschule vorbeiging, das jetzt über 30 Räume für Kinder und Jugendliche beherbergte. „Ich habe hier einen Brief für die Mitarbeiter der Arche", sagte sie.

Man sah ihr an, dass sie in ihrem Leben schon viel durchmachen musste. Ihrem Gesicht entlockte man selten ein Lächeln und auch in Gesprächen war sie oft in Gedanken versunken und wirkte zuweilen wie zerbrochen. Für ihre Kinder, die sie liebte, wollte sie das Beste, auch wenn es oft sehr schwer war.

Ein Brief von Mama für die Arche und das an seinem Geburtstag? „Das kann doch nur noch eine Extra-Überraschung sein", vermutete Kalle. Er nahm den Brief aus der Hand seiner Mutter, die langsam weiterging, und stürzte mit seiner großen Schwester ins Foyer. Hier lief gerade eine unserer Pädagoginnen über den Gang und begrüßte beide freundlich wie immer.

Das war Kalle aber nicht genug. Fordernd, mit der rechten Hand winkend, fragte er die Mitarbeiterin: „Uuund…?" „Ach ja, du hast ja Geburtstag. Herzlichen Glückwunsch Kalle, alles Liebe und Gottes Segen", sagte sie. Er grinste übers ganze Gesicht, das wollte er hören. „Ach ja, Mama hat mir noch einen Brief mitgegeben. Hier!" Er übergab den weißen Umschlag und ohne eine Miene zu verziehen nahm er seine ältere Schwester an die Hand und zog sie förmlich durchs Haus. Jetzt wollte er erst mal, dass ihn alle anderen Kinder und Mitarbeiter in der Arche sahen und feierten.

Wie jeden Tag saßen schon viele Kids an den Tischen des Speisesaals. Es war gerade 13 Uhr und die Luke zur Essenausgabe hatte aufgemacht. Rund 50 Schüler hatten sich schon Spaghetti Bolognese und eine Schüssel mit Salat genommen und sich zu einem Mitarbeiter an den Tisch gesetzt. Ein Geräuschpegel wie in einer Wellensittich-Voliere – jeder erzählte von seinen Erlebnissen am Vormittag in der Schule oder was es zu Hause Neues gab. An einem Tisch weinte ein kleines Mädchen, weil ihr Vater am Vortag ausgezogen war. An einem anderen Tisch lachten alle, weil Kevin einen seiner Witze erzählt hatte.

Als Denise und Kalle den voll besetzten Speisesaal betraten, schauten alle zur Tür und auf der Stelle wurde es mucksmäuschenstill. Voller Erwartung stand Kalle in der Tür und wiederholte seine Frage aus dem Foyer: „Uuund…?" Dann schmetterten alle: „Happy birthday to you", zwar nicht immer mit dem richtigen Ton, dafür aber umso lauter. Kalle war stolz und ergriffen, fast hätte er geweint. So viel Aufmerksamkeit! Doch dann rief jemand: „Kalle, lass dich feiern", und die Mitarbeiter nahmen das Geburtstagskind nacheinander in den Arm. Und dann wurde gegessen.

Keine Stunde später betraten zwei uniformierte Polizeibeamte unser Gebäude und wurden von der pädagogischen Mitarbeiterin empfangen, die den Brief der Mutter inzwischen gelesen hatte. Natürlich war in der Arche helle Aufregung, es kommt ja schließlich nicht jeden Tag vor, dass man die Polizei im Haus hat. Jedes Kind wollte wissen, was denn los sei. Keiner bemerkte, dass auch Denise und Kalle mit im Büro saßen und von den Polizisten befragt wurden. Sie waren wegen des Briefs der Mutter hier. Es war ihr Abschiedsbrief.

Niemand von uns wusste, dass die dreiköpfige Familie 14 Tage zuvor schon wieder ihre Wohnung wegen Mietschulden verloren hatte. Denise, Kalle und die Mutter waren dann zu einer Freundin der Mama gezogen, aber keiner von ihnen erzählte davon. Zwar hatten die Kinder in den letzten zwei Jahren bei uns gelernt, darüber zu reden, wie es ihnen ging und wie sie sich fühlten, aber in dieser Ausnahmesituation war ihnen der Zugang zu ihrem Inneren offenbar versperrt. Wir nahmen es ihnen nicht übel, schließlich schaffen es selbst Erwachsene häufig nicht, für sie peinliche und beängstigende Erlebnisse mitzuteilen.

Der Abschiedsbrief der Mutter war erschreckend: „Ich habe schon wieder meine Wohnung verloren, weil ich meine Miete nicht bezahlt habe. Ich bin eine schlechte Mutter. Ich übergebe euch meine Kinder, denn ich kann nicht mal eine Geburtstagsfeier ausrichten. Schaltet von mir aus das Jugendamt ein.

Ich kann nicht mehr. Das Einzige, was ich noch besitze, ist ein Computer und den vererbe ich meinem Sohn Kalle!" Dieser Brief konnte alles bedeuten, sogar, dass die Frau sich das Leben nehmen wollte. Deshalb hatten wir die Polizei gerufen, doch die Kinder verstanden von all dem erst mal nichts.

Die Polizisten waren für Kalle heute nicht so wichtig, und dass die Mutter einen Abschiedsbrief geschrieben hatte, war zu ihm noch nicht durchgedrungen. Uns Erwachsenen in der Arche war klar, dass Kalle vom Höhepunkt seines Geburtstagsjubels direkt in den Abgrund stürzte. Doch Kalle war so sehr damit beschäftigt, Geburtstag zu haben, worauf er sich so lange gefreut hatte, dass er im Programmablauf einfach weitermachte: „Bernd, wo ist mein Geschenk?", fragte er. Ich überreichte es ihm und staunte darüber, dass er die Situation nicht annähernd so brenzlig fand wie ich. Oder vertraute er darauf, dass wir das Problem, das es scheinbar gab, lösen würden? Mit dem ausgepackten Geschenk in der Hand setzte er sich wieder zu den beiden Polizeibeamten, die gerade mit dem Jugendamt telefonierten.

Es wurde entschieden, dass die Kinder nach der Arche noch mal zur Freundin der Mutter gehen sollten, um dort, wie bereits die letzten Tage, zu übernachten. Es könnte ja sein, dass die Mutter abends wiederkommt, und man wollte die Kinder nicht zu sehr erschrecken.

Die Kinder gingen auch wie vereinbart zur Freundin der Mutter, doch gegen 19 Uhr zog sich die schüchterne Denise ihre Sandalen an, nahm sich eine Jacke und wollte gerade die Tür öffnen, als die Freundin der Mutter sie daran hinderte. „Aber ich muss doch Mama suchen", sagte Denise, setzte sich dann aber an den Esstisch und schrieb stattdessen einen Brief an ihre Mutter, die verschwunden war und nicht wiederkommen sollte.

Am Tag nach Kalles Geburtstag wurden die Kinder in ein Kinderheim gebracht. Das Jugendamt hatte mit Rücksicht auf das Kindeswohl entschieden, dass Kalle und Denise keinen Kontakt mehr zu ihrer vertrauten Umgebung haben sollten, da sie dies nur an ihre Mutter erinnern würde. Sie sollten einen Neuanfang machen. Und das bedeutete, dass Kalle und Denise auch nicht mehr in die Arche kommen würden.

Eine Berliner Tageszeitung druckte tags drauf Denises Brief auf einer ganzen Seite ab: „Mama, wenn wir dir etwas getan haben, dann tut es uns leid. Mama, bitte komm zurück!" Neben diesen erschütternden Sätzen waren große gepixelte Fotos der Kinder und ihrer Mutter zu sehen und ein Text, der die Situation beschrieb und die Mutter zum Zurückkommen bewegen sollte.

Es war eine harte Zeit für uns alle, und die Worte von Denise zeigten uns noch mal eindrucksvoll, wie oft sich Kinder für die schlechte Lage ihrer Eltern verantwortlich fühlen. Ich heftete den Zeitungsartikel an die Pinnwand vor meinem Büro, sodass jeder Besucher ihn sehen konnte. Natürlich schauten auch die Kinder unserer Arche drauf und erkannten Kalle und Denise trotz der unkenntlich gemachten Gesichter. Am Anfang musste ich ihnen immer wieder erzählen, was geschehen sei und vor allem, wie es den beiden ging. Doch ich wusste es ja selbst nicht. Denn auch wir von der Arche durften die Geschwister nicht einmal besuchen.

Das, was Kalle und Denise erlebten, habe auch ich als Kind erlebt, als ich sechs oder sieben Jahre alt war. Auch meine Mutter hatte die Familie verlassen, von heute auf morgen. Es war der schlimmste Tag meines Lebens. Meine Mutter hatte ihre Sachen gepackt und stand in ihrer dicken Jacke vor mir, in jeder Hand einen Koffer. „Wo willst du hin?", fragte ich sie mit großen, ängstlichen Augen. Sie antwortete sehr direkt und offenbar tief verletzt von dem, was hinter ihr lag: „Ich verlasse euch, ich gehe weg!" Daran musste ich in diesen Wochen immer wieder denken. Aber ich wollte mir nicht vorstellen, wie es gewesen wäre, wenn ich an diesem Tag auch alle anderen Vertrauten und alles, was mir wichtig war, verloren hätte. Und das, nachdem Kalle an seinem Geburtstag so warmherzig von uns allen gefeiert worden war. Mitten aus der Gemeinschaft in die Einsamkeit. Immerhin hatten die Geschwister einander.

Unermüdlich versuchten wir doch noch eine Wende zu erreichen, redeten mit dem Jugendamt und der Heimleitung, aber es gab keine Möglichkeit, die Kinder wenigstens zu besuchen. Die Verantwortlichen blieben hart und sahen keine Möglichkeit, auf unsere Besorgnis einzugehen. Immer wieder fragten natürlich auch unsere kleinen Besucher: „Was macht ihr wegen Kalle und Denise? Habt ihr etwas von ihnen gehört? Geht es ihnen gut?"

Es war so schwer für uns alle. Ich hatte das Gefühl, zwei eigene Kinder verloren zu haben. Natürlich merkten meine Mitarbeiter und auch die Kinder, wie sehr meine Gedanken und mein Herz bei den Geschwistern waren. „In den letzten zwei Jahren haben wir den Kindern ein Floß gebaut, jetzt müssen sie lernen, selber zu fahren", ermutigte mich eine Mitarbeiterin.

Vielleicht hatte sie recht, aber es fiel mir nicht so leicht wie sonst, daran zu glauben.

Es vergingen zwei Monate. Gerade war ich mit fast 150 Kindern in einem Feriencamp im Berliner Umland. Für viele war es das erste Mal, dass sie überhaupt in den Urlaub fahren konnten – sie waren alle sichtlich glücklich, genossen das tolle Programm, von Heimweh keine Spur.

An diesem Mittag brannte die Sonne heiß vom Himmel, gefühlte 40 Grad im Schatten. Die Kids hatten gerade Pause, kurz vor dem Mittagessen, und ich saß für fünf Minuten allein im Schatten, als ich eine SMS bekam. Eine Nachricht von meiner Mitarbeiterin Mirjam: Sie hatte seit Kalles Geburtstag den Kontakt zu Jugendamt und Heim gehalten und immer wieder darum gebeten, einen Besuchstermin zu bekommen. An diesem Ferientag schließlich war sie einfach zum Heim gefahren und fragte, ob es nicht eine Ausnahme geben könnte, um die beiden Kinder zu sehen. Und endlich hatte sie Erfolg: Die Heimleitung zeigte Herz und ließ Mirjam zu Denise und Kalle. Die Überraschung und Freude der beiden muss unglaublich gewesen sein. Gleich im ersten Satz fragte Denise: „Mirjam, hast du dein Handy mit und hast du die Nummer von Bernd?" Sie wollte mir unbedingt eine SMS schreiben. Und Mirjam schrieb, was Denis ihr diktierte: „Bernd, es geht uns ganz gut! Bernd, wir vermissen dich! Bernd, wir lieben dich!"

Tränen schossen mir in die Augen. Diese drei Sätze hauten mich um. Es ging Kalle und Denise nicht so schlecht, wie wir befürchtet hatten, und sie fühlten sich nicht auch noch von uns verlassen, so wie von ihrer Mutter. Sie hatten gemerkt, dass ihr Vertrauen zu uns nicht enttäuscht wurde, dass wir dranblieben, sie zu suchen und zu finden, um ihnen zu zeigen, dass es Menschen gibt, die an sie dachten.

Aufgeregt lief ich zur Bühne des Feriencamps, die wir für unser Programm aufgebaut hatten, und rief alle Kinder zusammen. Nach und nach kamen alle zusammen und setzten sich auf die Bierbänke. „Ich habe eine Nachricht von Denise und Kalle", sagte ich mit zitternder Stimme durchs Mikrofon. Es war totenstill, was bei so vielen Kindern eigentlich unmöglich scheint. Doch es ging hier schließlich um ihre Freunde, um die sie sich in den letzten Wochen so viele Sorgen gemacht hatten. Wie gebannt starrten die Kinder zu mir hoch. Ich las die drei Sätze vor und dann brach ein tosender Applaus los. Mit begeisterten Gesichtern klatschten und jubelten sie und ich hatte den Eindruck, dass der eine oder andere dachte: Wenn es mir mal so geht, dann wird die Arche auch mich suchen, dann wird jemand da sein, der für mich kämpft und der mich liebt. Aber vielleicht kam mir das in meinem aufgewühlten Zustand auch nur so vor. Fünf Minuten später saßen sie über ihren Nudeln und schmiedeten Pläne für den Nachmittag.

Beim Schreiben dieser Zeilen muss ich immer noch mit den Tränen kämpfen. Ich habe Kalle und Denise nie wiedergesehen. Sie fehlen mir und ich weiß bis heute nicht, was aus ihrer Mutter geworden ist. Aber ich freue mich, wenigstens einen Teil ihres Lebens geprägt und ihnen Hoffnung und Liebe gezeigt zu haben.

9.

... kommt von irgendwo ein Lichtlein her

Es heißt, stille Wasser seien tief. Im Falle von Samira möchte man hinzufügen: nicht nur tief, sondern auch klar. Samira ist 16 Jahre alt und besucht seit einigen Jahren die Arche in Hamburg. Auch mit ihrer Familie stehen wir in regelmäßigem Kontakt. Familie, das sind ihre Eltern, Mustafa, 48, und Eylül, 35, sowie ihre sechs Geschwister. Die Großfamilie wohnt ganz in der Nähe unseres Hamburger Hauses im Stadtteil Jenfeld. Samiras Mutter ist im Irak geboren und aufgewachsen, nahe der Hauptstadt Bagdad. Mit 17 Jahren wurde sie, wie dort nicht unüblich, mit ihrem Großcousin Mustafa verheiratet. Immer wieder erzählt Samira uns diesen Teil ihrer Familiengeschichte, jedes Mal aufs Neue entsetzt darüber, wie das gewesen sein muss für ihre Mutter. Sie selbst möchte niemals einen ihrer Verwandten heiraten, sondern jemanden, den sie liebt. Samiras Vater wuchs zwar in Deutschland auf, allerdings eher konservativ. Deshalb suchte er eine Ehefrau, die nach muslimischem Glauben erzogen wurde, und reiste für seine Brautschau in den Geburtsort seiner Eltern. Dort heiratete er Eylül. Je älter Samira wurde, desto größer wurde auch ihre Angst, ihr Vater wolle auch sie zwangsverheiraten. Denn er war nach wie vor der Meinung, so sei es richtig. Also suchte Samira das Gespräch mit ihrer Mutter, fragte immer wieder nach, erzählte von ihren Ängsten und machte deutlich, dass sie sich gegen den väterlichen Willen stellen würde. Und es gelang ihr tatsächlich, die Unterstützung ihrer Mutter zu gewinnen. Die würde eher mit ihren Kindern untertauchen, als es zu einer Zwangsheirat kommen zu lassen, versprach sie und nahm Samira damit ihre größte Angst. Zum Glück musste dieser Notfallplan bisher nicht greifen.

Samira ist die Älteste, ihre Geschwister Muhammed, Shayenne, Fatma, Abdala und Ali sind zwischen 2 und 15 Jahren alt. Als die Mutter vor einer Weile wieder schwanger war, sorgte sich Samira anfangs sehr. Kann die zierliche Frau, die schon mehrere Bandscheibenvorfälle hatte, eine weitere Schwangerschaft und Geburt verkraften? Es war bereits Eylüls zwölfte Schwangerschaft, aber nicht alle führten zu einer glücklichen Geburt.

Und auch die Vorstellung von noch mehr Geschwistern begeisterte Samira überhaupt nicht. Sie wohnten doch schon jetzt so beengt. Neun Menschen in einer Vierzimmer-wohnung in einem Mehrfamilienhaus, das ziemlich heruntergekommen aussieht, die Wände beschmiert, das Treppenhaus feucht. Schon am Eingang schlägt einem der Geruch von abgestandenem Essen und Fäule entgegen. Die extrem hohen Hamburger Mietpreise lassen der Familie aber keine andere Wahl, als sich mit der vom Sozialbürgerhaus gestellten Wohnung zufriedenzugeben. Ihr Zimmer teilt sich Samira mit den Schwestern Shayenne und Fatma. Es ist so winzig, dass darin gerade einmal das Etagen- und ein Einzelbett Platz finden; neben der Tür steht noch eine kleine Kommode. Es gibt kaum Platz für persönliche Dinge und zum Spielen ist dieses Zimmer nun wirklich nicht geeignet. Das Bild an der Wand wirkt regelrecht verloren. Ihre Brüder Muhammed, Abdalah und Ali teilen sich das andere Zimmer. Die jüngst geborene Tochter Emre darf noch im Bett bei den Eltern schlafen.

Bei uns in der Arche erzählt Samira oft, dass sie es zu Hause nicht mehr aushält. Schwester Shayenne ist ein hyperaktives Mädchen und stellt die Wohnung regelmäßig auf den Kopf. Fatma hat Angst im Dunkeln und weint sich häufig nachts in den Schlaf. Tagsüber ist der Lärmpegel immer wieder unerträglich hoch. Das Geschrei der jüngeren Kinder, das Heulen des Babys und die Geräusche des ständig laufenden Fernsehers, das ist einfach zu viel. Vor allem für so ein ruhiges, zurückhaltendes Mädchen wie Samira.

Die Familie lebt von Hartz IV. Doch die staatliche Zuwendung reicht selten bis zum Monatsende. Es gibt Zeiten, da muss die neunköpfige Familie über eine Woche lang mit 30 Euro auskommen. Dann ist der Kühlschrank oft leer. „Shayenne meckert dann immer rum und fragt, warum wir keine Wurst haben", sagt Samira aufgebracht. In solchen Situationen kommt dann die gesamte Familie zu uns in die Arche, der Mittagstisch vereint alle. Wir können zwar ein bisschen helfen, indem wir Samira abends die Tasche mit frischem Obst, Gemüse, Reis und Milch füllen. Schwerer ist es zu sehen, wie gedrückt die Stimmung des Mädchens an diesen Tagen ist.

Das Geld fehlt der Familie vorne und hinten. Nicht nur für Lebensmittel und Kleidung. Die Großen können sich notwendige Schulsachen nicht leisten, beispielsweise einen guten Taschenrechner, einen Zirkel oder selbst ein Geodreieck. Muhammed hat eine Fünf in der Mathearbeit bekommen, weil er die Aufgaben ohne Geodreieck lösen musste. Solche Details erfahren wir bruchstückhaft nach und nach.

Als arm empfindet sich Samira interessanterweise nur bedingt. Zwar hat sie wenig Geld, aber dafür ein Dach über dem Kopf, eine tolle Mutter und die besten Geschwister der Welt. „Arm sind die Kinder, die all dies nicht haben oder die keinen mehr haben, der für sie da ist – vor allem keine Mutter", klingt Samira fast schon weise.

Vater Mustafa ist seit Langem auf der Suche nach Arbeit. „Jobs als Lagerarbeiter" halten den 48-Jährigen über Wasser. So nennt er seine Tätigkeit als Drogendealer. Er selbst ist alkohol- und drogenabhängig. „Ich bin früh hineingerutscht", sagt er. Bereits als junger Mann hat er immer öfter getrunken und Haschisch geraucht. Unfassbare zehn Entziehungskuren liegen inzwischen hinter ihm; wie lange er dieses Leben noch aushält, kann niemand voraussagen. „Immer, wenn Papa das Geld ausgeht, macht er einen Entzug und geht in die Klinik", so seine Tochter. „Sobald aber wieder Geld in Sicht ist, wird er rückfällig und fängt gleich wieder an." Samira prophezeit weiter: „Ich denke, wenn er nach dem Entzug direkt einen anständigen Job hätte, würde er nicht mehr so schnell rückfällig werden, denn das letzte Mal hat er es über ein halbes Jahr ausgehalten, nicht

zu rauchen und zu trinken. Morgen hat Papa ein Vorstellungs-
gespräch. Vielleicht klappt es ja dieses Mal", sagt Samira, ohne
wirklich überzeugend zu wirken.

Wenig Verständnis hat Samira dafür, dass ihre Mutter dieses
Leben auf Dauer mitmacht. Wie kann sie ihren Mann überhaupt noch lieben? Auf unsere Frage, ob sie ihre Mutter schon
einmal darauf ansprechen und fragen konnte, meint sie: „Nein,
aber eigentlich kenne ich die Antwort ja. Sie liebt ihn nicht
mehr", gibt Samira ziemlich ernüchtert von sich. Weiter spru-
delt es aus ihr heraus, dass der Papa sich neulich so zugeschüt-
tet hatte, dass er unten im Hof auf dem Rücken lag und sie
nicht wussten, ob sie den Krankenwagen rufen müssten. Die
Mutter saß heulend auf dem Bett. Schließlich schleppten sie
den betrunkenen Mann gemeinsam hoch in den vierten Stock.
„Ich glaube, dass sie nur noch wegen uns mit ihm zusammen
ist. Sie möchte nicht, dass wir Kinder ohne Vater groß werden",
mutmaßt Samira.

Wie begegnet man einem jungen Mädchen, das sich mit der-
artigen Problemen beschäftigen muss? Viele Gedanken gehen
mir durch den Kopf. Arbeitslosigkeit ist ein Thema, an dem
viele Familien, die wir in der Arche kennenlernen, verzwei-
feln. Oftmals erschwert durch psychische und physische Probleme, die diese Situation mit sich bringt. Schuldgefühle und
Streit in der Familie gehören zum Alltag. Die Auswirkungen
von Arbeitslosigkeit sind so tief greifend, dass alle Familienmitglieder betroffen sind. Samira sorgt sich, wie lange ihr Vater
noch leben wird. „Wenn er so weitermacht, wird er irgendwann

sterben", stellt sie fest. Schweigen. Ich nehme Samira nur in den Arm.

Überhaupt ist es enorm, wie sehr Samira ihr Leben und das ihrer Eltern reflektiert. Sie fragt sich zum Beispiel, wie man so viele Kinder in die Welt setzen kann. Ihre Geschwister liebt sie, klar, und möchte sie auch nicht missen. Doch mit so wenig Geld sei das doch schon verantwortungslos. Das kann sie einfach nicht nachvollziehen. „Wenn ich irgendwann einmal Kinder haben sollte, dann möchte ich eins oder zwei, mehr aber nicht, das ist mir ansonsten zu laut. Außerdem möchte ich die Kinder nur dann, wenn ich mir das finanziell auch leisten kann. Jedes Kind sollte ein eigenes Zimmer haben, und Urlaub muss hin und wieder auch möglich sein. Ohne Job möchte ich kein Kind haben. Die Kinder sollen es gut haben und sich keine Sorgen um Geld oder Essen machen müssen. Ruhe zum Lernen ist auch ganz wichtig", so die konkreten Vorstellungen von Samira.

Ruhe hat sie zu Hause eigentlich nie. Einen Schreibtisch sucht man in dieser Wohnung vergebens, wo denn auch, wenn jede Ecke mit Schlafplätzen zugestellt ist. Ihre Hausaufgaben machen die Kinder an dem kleinen Wohnzimmertisch, mehr oder weniger im Schichtsystem. Aufgaben am Computer können sie nicht machen, denn den gibt es nicht im Haushalt. Während die Kinder büffeln, sitzt Mustafa rauchend auf dem Sofa, der Fernseher läuft ununterbrochen. In der Küche tanzt eine Schwester zum laut aufgedrehten Radio und die Kleinen rennen wild schreiend durch die Wohnung. Optimale Lernbedingungen sehen anders aus.

Als Samira kurz vor ihrem Hauptschulabschluss steht, kommt sie immer häufiger zu uns. Sie braucht einfach Ruhe, um das enorme Lernpensum zu schaffen. Hier kann ihr auch immer jemand unterstützend über die Schulter schauen. Zwar arbeitet sie diszipliniert, doch manchmal fällt es ihr natürlich schwer dranzubleiben, wenn sie ihre Freundinnen draußen chillen sieht oder eine tolle Bastelaktion angeboten wird. Aber sie hat ihr Ziel klar vor Augen: erst den Hauptschulabschluss, dann eine Ausbildung zur Einzelhandelskauffrau. Sogar eine Stelle hat sie schon in Aussicht. Voraussetzung: Sie schafft den Abschluss.

Am Tag der schriftlichen Notenbekanntgabe steht Samira aufgelöst bei uns in der Arche: Sie hat in Mathematik sehr schlecht abgeschnitten. Zwar ist sie zur mündlichen Prüfung zugelassen, aber nur eine glatte Eins kann sie jetzt noch retten. Sie ist verzweifelt. Ich versuche sie aufzubauen und zu ermutigen: „Wer kämpft, kann verlieren, aber wer nicht kämpft, der hat schon verloren." Das kommt an bei Samira, dennoch zieht sie erst mal betrübt nach Hause. Wie soll man es schaffen, sich in einem Fach, zu dem man keinen wirklichen Zugang hat, von null auf hundert zu steigern? Das geht nur mit Mut zur Lücke und der Hoffnung, dass die richtigen Fragen gestellt werden. Der Ausbildungsplatz ist doch zum Greifen nahe, es kann und darf jetzt einfach nicht an diesem letzten kleinen Schritt scheitern!

Samira lernt weiter. Am Tag nach der mündlichen Prüfung sitzen die Arche-Mitarbeiter gerade im wöchentlichen Meeting zusammen, als plötzlich die Tür aufgerissen wird. Samira!

Einen Moment herrscht Stille: Wir starren sie an und können an ihrem Gesichtsausdruck nichts ablesen – hat sie bestanden? Endlich erlöst sie uns und erzählt voller Freude, ja, es hat geklappt. Eine Eins! Den Hauptschulabschluss hat sie in der Tasche und den Ausbildungsplatz ebenfalls.

Für Samira beginnt jetzt ein neues Leben, auch wenn das alte immer wieder an ihr zerrt. Zum Start ihrer Lehre überreichen wir ihr eine kleine Schultüte mit einer Glückwunschkarte. Ihr rollen Tränen über die Wangen: „Ich habe noch nie eine Schultüte bekommen", sagt sie gerührt und bedankt sich. Oft kommt sie nun auf dem Rückweg von der Arbeit beim Jugendbereich der Arche vorbei und erzählt, wie ihr Tag war: Dass der Wecker morgens um sechs Uhr klingelt, ist ziemlich hart, aber die Arbeit selbst macht ihr große Freude. Und wie toll es ist, eigenes Geld zu verdienen! Einmal steht sie strahlend und bester Laune vor uns. Stolz berichtet sie von den ersten Klausuren, die sie in der Berufsschule geschrieben hat. Sie hat alle mit „sehr gut" bestanden. „Noch nie in meinem Leben habe ich eine Eins geschrieben. Ich dachte, dass ich zu doof dafür bin", sagt sie stolz. Das muss gefeiert werden, also trinken wir gemeinsam eine Holunderlimonade an der Theke. Dabei erzählt sie auch begeistert von ihren neuen Freunden, die sie an der Berufsschule kennengelernt hat.

Trotz der Freude, die sie ausstrahlt, ist Samira zwischendrin auch betrübt. Die Hälfte ihres Lohns liefert sie bei den Eltern ab, das restliche Geld ist für sie. Doch was bedeutet das? Häufig wird sie von der Mutter angepumpt, wenn mal wieder Geld für Lebensmittel fehlt. Eylül betont zwar immer wieder, dass es ganz bestimmt nur geliehen sei und sie es zurückzahle, doch Samira ist Realistin. Sie weiß, dass sie das Geld nicht wiedersieht, und das findet sie auch gar nicht so schlimm wie die Tatsache, dass ihr Vater ihren Lohn in Alkohol, Zigaretten oder Drogen umsetzt. Er hat nicht mal Hemmungen, sich ohne zu fragen an Samiras Portemonnaie zu bedienen. Darüber reden kann sie mit ihrem Vater nicht. „Der versteht es doch überhaupt nicht", sagt Samira resigniert. Ihre Vorstellungen vom eigenen Leben liegen noch in so weiter Ferne.

Von ihrem Vater kann sie keine Unterstützung erwarten, ihre Mutter bemüht sich zumindest, aber im Grunde ist Samira auf sich allein gestellt. Doch inzwischen gibt es jemanden, der ein behütendes Auge auf Samira geworfen hat. Ihre Chefin kommt selbst aus schwierigen Verhältnissen, sie kann sich gut in Samira einfühlen und hilft auf ihre Weise. Ganz wichtig ist ihr, dass Samira ein nahrhaftes, warmes Mittagessen bekommt, dafür sorgt sie täglich. Das Mädchen schwärmt uns gern vor, wie lecker das immer ist. Außerdem strahlt ihre Chefin Geborgenheit und Sicherheit aus. Sie hat Samira sogar ein wenig von ihrem eigenen beschwerlichen Weg erzählt und ist damit ihr Vorbild geworden. Ja, es geht, man kann aus der Armut herausfinden.

Für uns ist es ein beruhigendes Gefühl zu wissen, dass dieses besondere Mädchen auch außerhalb der Arche, in ihrem Alltag, einen Menschen gefunden hat, der auf sie achtet.

Kleine Prinzessinnen

Bilder, die vom Glück erzählen –
dem Glück, wertgeschätzt zu werden,
sich mit schönen Dingen zu umgeben,
etwas gestalten zu dürfen

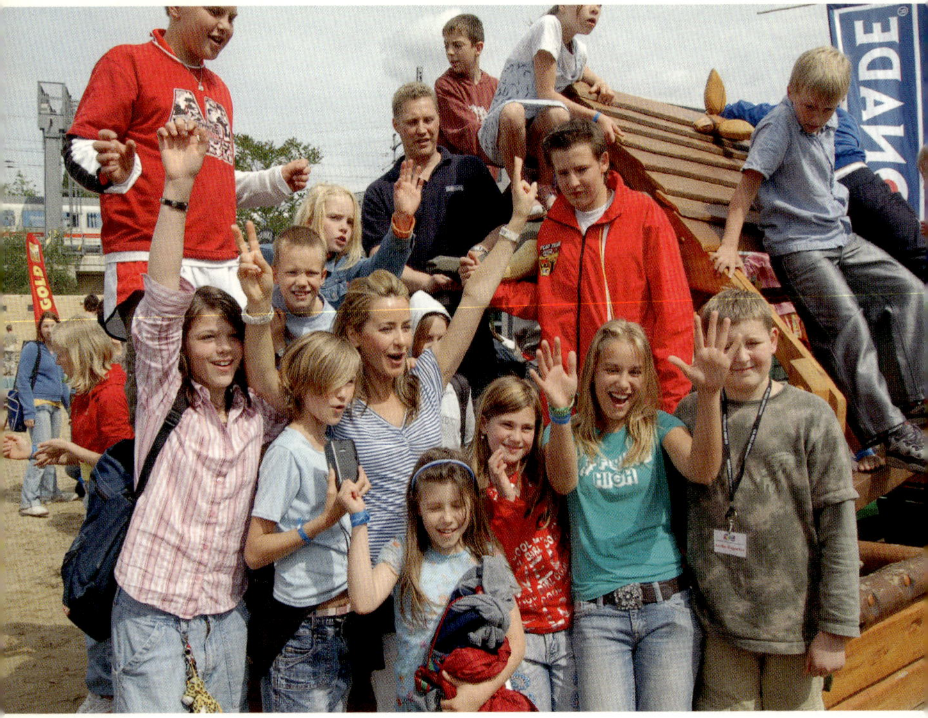
GOLD
HIGH

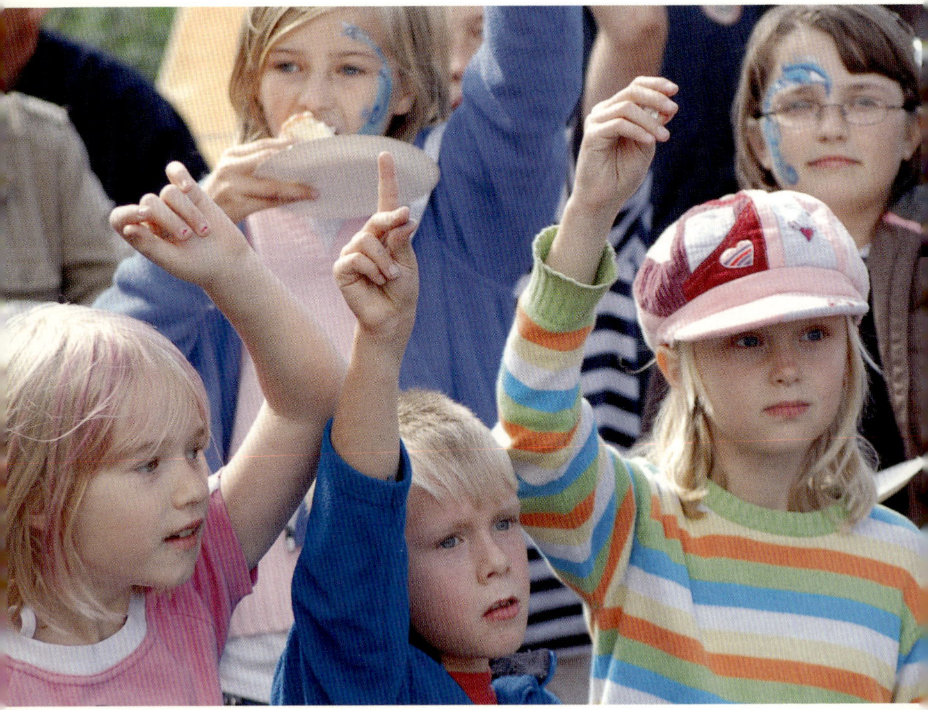

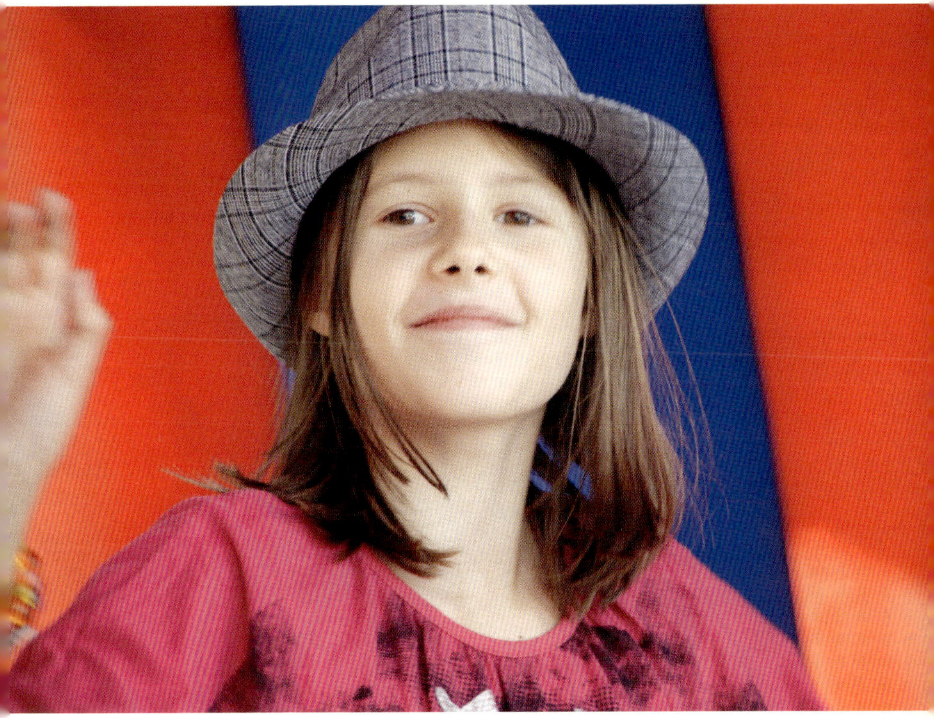

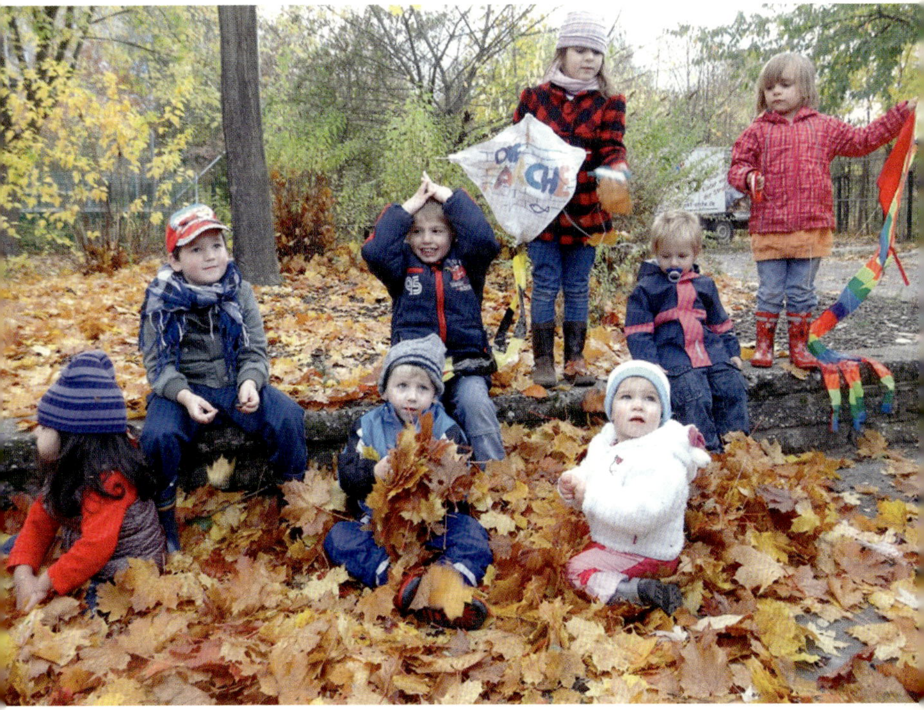

Lukas Podolski
ist einer der wichtigen
ARCHE-Botschafter

Bernd Siggelkow,
Gründer des Kinderhilfswerkes
DIE ARCHE

10.

Mit brennender Wut

Ihr Name klang wie ein Versprechen. Ein Versprechen auf ein sorgenfreies Bilderbuchleben. Charlotte-Clarice war der schönste Name, den sich die werdende Mutter für ihre erste Tochter vorstellen konnte. Ein wunderschöner Name für ein wunderschönes kleines Mädchen in einer wunderschönen kleinen Familie. In ihren Träumen sah sie es bereits vor sich, wie sie alle lächelnd miteinander spazieren gingen. Mama, Papa und der süße kleine Sonnenschein.

Als Charlotte geboren wurde, nach langen, schmerzhaften und gar nicht wunderbaren Wehen, fiel dem Doktor gleich ihr asymmetrisches Gesichtchen auf. Ihr linkes Auge wirkte geschwollen, das kleine Lid verzogen. Die Schwestern im Kreißsaal sagten: „Das verwächst sich." Es verwuchs sich nicht. Gut sehen konnte Charlotte auf dem Auge nicht, sie konnte es nicht mal richtig öffnen. Nach ein paar Jahren sagte der Kinderarzt: „Das ist ein kosmetisches Problem. So etwas bezahlt die Kasse nicht." Ihre Mutter nahm es hin. Was sollte man auch tun?

Mama hatte ja jetzt auch noch zwei kleine Geschwisterchen zu versorgen. Eva-Maria und Pia-Emilia, wieder zwei besondere Namen für zwei besondere Kinder. Die Zwillinge waren zauberhafte blonde Mädchen, immer vergnügt. Die Erwachsenen lachten, wenn sie ihre Gesichter verzogen und so die Mimik der großen Schwester nachahmten. Manchmal lachte Charlotte mit, aber öfter verkroch sie sich in ihr Bett, zog sich ihre Decke über den Kopf und fühlte sich allein. Dann spürte sie auch noch ein anderes Gefühl in sich, brennend heiß. Vielleicht war es Zorn. Es beunruhigte sie, war aber besser als die hohle Traurigkeit.

Mama sagte jetzt nur noch Charly zu ihr oder „Große", das ging schneller. Charly war ja auch schon groß und konnte auf die Zwillinge aufpassen, einkaufen und aufräumen. Mama ging es nicht so gut und der Traum von der glücklichen Familie schien ausgeträumt. Es war oft sehr laut in der kleinen Wohnung und es waren selten die Kinder, die anfingen zu brüllen. Charly presste die Hände auf die Ohren, dann schrie sie zurück.

Als Charly in die Schule kam, traf sie dort auf Kinder, die Spezialisten für Disneyfilme waren und ihr sofort einen Spitznamen gaben, bei dem ein französischer Glöckner Pate stand. Doch Charly ärgerte sich nicht lange, sie schlug zu. Es tat richtig gut, die Quälgeister mit den Fäusten zu bearbeiten oder an ihren Haaren zu zerren.

Natürlich fiel sie auf bei den Lehrern und es hagelte Tadel, die ihre Mutter kommentarlos unterzeichnete. Papa brüllte deswegen zu Hause, aber ihm hörte sie schon lange nicht mehr zu.

In ihrer Klasse traute sich bald keiner mehr, über Charly zu lachen. Sie war groß und die paar Pfunde zu viel erwiesen sich als nützlich, wenn sie jemanden an die Wand pinnte oder ihm den Ellbogen in die Rippen rammte. Manchmal reichte Charly schon ein neugieriger Blick, um eine Backpfeife auszuteilen. In den Pausen stand sie allein auf dem Schulhof und beobachtete ihre Mitschülerinnen. Charly wurde nie zu einem Kindergeburtstag eingeladen oder nachmittags zum Spielen abgeholt. Sie hätte sowieso keine Zeit gehabt. Denn eigentlich führte sie jetzt den Haushalt.

Zum Lernen blieb keine Zeit, deshalb machte sie die Hausaufgaben in der Pause. Für eine Drei reichte es immer, was an sich schon bemerkenswert war bei dem häuslichen Pensum, das sie absolvierte. Ihr selbst fiel gar nicht auf, wie leicht sie lernte, denn sie war es nicht gewohnt, in etwas gut zu sein. Ob zu Hause oder in der Schule – sie wurde nicht gelobt. Die Lehrer sahen nicht, welch hohe Auffassungsgabe Charlotte hatte. Vermutlich, weil man sie ohnehin nicht gern ansah, schließlich war sie nicht der Typ Mädchen, das lächelnd sein Zeugnis entgegennimmt. Charly lächelte nie und wirkte feindselig; man ließ sie einfach in Ruhe.

Unweit von ihrem Zuhause gab es das Kinderfreizeitzentrum Arche, von dem sogar im Fernsehen berichtet worden war. Immer wieder schaute Charly sich das Haus von außen an, bis sie schließlich die Neugierde hineintrieb. Die Kinder, die dort bereits spielten, waren wie alle Kinder, aber mit ein paar harten Worten und Griffen hatte Charly schnell geklärt, dass sie keine dummen Fragen beantworten würde und keine blöden Sprüche tolerierte.

Die Betreuer allerdings hatten sie freundlich begrüßt und Charly merkte, dass sie von ihnen beobachtet wurde. Erst mal reagierte sie abweisend, sobald jemand versuchte, sie einzubeziehen. Es war sogar so, dass sie immer dann besonders unhöflich und laut wurde, je mehr jemand auf sie zuging.

Offenbar wusste sie einfach nicht, was sie fühlen sollte, hier in dieser etwas anderen Umgebung. Normalerweise waren die Regeln des Lebens für sie klar: Starrt dich jemand an, brüllst du oder schlägst gleich zu. Brüllst du jemanden an, schreit er zurück. Behandelt dich jemand wie Abfall, behandelst du ihn auch so. Ganz einfach! Auf diese Weise wurde man in Ruhe gelassen. Doch hier funktionierte das nicht. Charly konnte noch so unwirsch sein, sie brachte diese Arche-Leute nicht davon ab, freundlich und ruhig zu bleiben. Selbst als sie ihr klarmachten, dass sie Schreien und Schlagen niemals tolerieren, fühlte Charly nicht die vertraute Ablehnung. Einige Male musste sie die Arche verlassen, weil sie die Regeln brach. Tagelang war sie wütend und mied die Gegend um das Haus. Doch sie kam am Ende zurück. Irgendetwas an der Art, wie man hier miteinander umging, nährte ihre Hoffnung, dass es vielleicht auch für sie etwas anderes gab als den Teufelskreislauf aus Ablehnung und Aggression.

Und tatsächlich: Charly wurde peu à peu sicherer und entspannter im Umgang mit den anderen. Die Kinder akzeptierten sie und ihr Aussehen und Charly achtete nicht mehr so verkrampft darauf, ob jemand sie neugierig anschaute. Sie ließ sich auf Gespräche ein, spielte mit – und sie lächelte. Irgendwann begann sie von sich zu erzählen. Von ihrer Familie, ihrer Geschichte, ihrer Wut. Und darüber, dass die Wut inzwischen nicht mehr so stark war wie früher, dass sie gelernt hatte zu reden, statt zu schlagen. Das war ein Anfang.

Den Betreuern ließ es dennoch keine Ruhe, dass ihr Aussehen ein Schicksal sein sollte, für das die Kasse nicht zahlt. Ganz offensichtlich konnte Charly nicht richtig sehen und ihre räumliche Wahrnehmung war gestört. Schließlich wagte eine junge Frau aus dem Team, sie darauf anzusprechen. Charly blockte zuerst ab, doch dann hörte sie zu. Sie war jetzt kein Kind mehr, sondern ein Teenager, und sich ihres Aussehens besonders schmerzlich bewusst. Das Gespräch zeigte Wirkung. Sie bat ihre Mutter, mit ihr zu einem Spezialisten in der Charité zu gehen. Die Diagnose haute alle um: Was einst als kosmetisches Problem abgetan wurde, war in Wirklichkeit wucherndes Gewebe am Auge. Eine Operation war möglich, aber gefährlich, da die Geschwulst um wichtige Blutgefäße und den Sehnerv herumgewachsen war. Doch die Aussicht, nicht mehr als Quasimodo verspottet zu werden, machte sie mutig: Das Ding musste raus aus ihr. Und tatsächlich: Die Operation verlief gut. Auch wenn nicht alles Gewebe restlos entfernt werden konnte, um ihr Leben nicht zu gefährden, war der kosmetische Erfolg durchschlagend. Außerdem konnte Charly ihre Umwelt erstmals dreidimensional wahrnehmen. Sie wuchs weiter, wurde schlanker, schloss Freundschaften und alles schien gut. Nur manchmal spürte sie noch die Wut in sich brennen und summen. Dann rutschte ihr die Hand aus, aber sie war auf einem guten Weg.

Bis zu dem Tag, als Zilla kam. Das Mädchen schien die Jugendgruppe wie ein Panzer zu überrollen. Die einen ordneten sich unter, die anderen wichen ihr aus und die Betreuer versuchten, sie zu integrieren. Für Charly stellte sich schnell die Machtfrage. Untergeordnet hatte sie sich bisher nie, doch hier war kämpfen aussichtslos, das war ihr klar. Blieb nur noch, die Macht zu teilen. Irgendwie zogen sie die rohe Gewalt und der kompromisslose Machtanspruch, den Zilla ausstrahlte, an. Und selbst ein Mädchen wie Zilla brauchte schließlich eine Verbündete. Und so wurden Charly und Zilla zu einem fatalen Duo. Oh, es fühlte sich gut an, Macht zu haben. Die beiden waren unbesiegbar, nahmen Hausverweise in Kauf und lachten über unsere Hilfsangebote. Wie im Rausch zogen sie durchs Viertel, Schule war unwichtig, sie waren die Queens of the road!

Doch ihre Freundschaft hatte keine andere Basis als die Angst der anderen Kinder und Charlys Rausch verflog bald. Sie merkte: Dies ist nicht das Leben, das ich will. Schließlich hatte sie in der Arche vor Zillas Ankunft schon erfahren, wie sich echte Anerkennung und Achtung anfühlten. Langsam zog sie sich von Zilla zurück, indem sie häusliche Pflichten vorschob. Sie verstand, dass sie Hilfe brauchte, mit der immer wiederkehrenden Wut fertig zu werden. Sie besuchte eine Therapie und lernte, die Ursachen ihrer Ausbrüche zu reflektieren und sich zu kontrollieren. Zilla hingegen sperrte sich gegen jedes

Hilfsangebot, brach weiterhin die Regeln und musste die Arche schließlich verlassen. Nicht jede Geschichte geht gut aus.

Charly besuchte jetzt wieder regelmäßig die Schule, lernte und ihre Leistungen machten im vorletzten Halbjahr der regulären Schulzeit einen solchen Sprung nach oben, dass ihre Lehrer von der Abiturstufe sprachen. Ein seltsamer Gedanke, fanden ihre Eltern. Charly sollte schnell die Schule beenden, vielleicht eine Ausbildung machen, aber auf alle Fälle bald eigenes Geld verdienen. Ein aufregender Gedanke, fand Charly. Sie spürte, wie ihre Welt schon durch diese bloße Aussicht größer und weiter wurde. Abitur machen, vielleicht studieren? Was für Aussichten!

War es die Angst vor einer möglichen Veränderung oder einfach der gefürchtete Prüfungs-Blackout? Die Abschlussprüfungen brachten jedenfalls nicht den geforderten Notendurchschnitt. Doch jetzt übernahm eine ihrer Lehrerinnen die Regie, die sich einfach nicht mit einem weiteren geplatzten Traum abfinden wollte. Unermüdlich telefonierte sie herum und überzeugte schließlich eine Schule, Charly „auf Probe" aufzunehmen. Und Charly ergriff die Chance, lernte, ließ sich bei den Hausaufgaben helfen, bestand das Probejahr und steckt jetzt tatsächlich in den Vorbereitungen fürs Abitur. Sie weiß genau, wie ihr Leben weitergehen soll: lernen, Erfahrungen sammeln, die Welt bereisen und eine gut bezahlte und anspruchsvolle Arbeit finden. Familie und Kinder stehen nicht ganz oben auf ihrem Programm, vielleicht hatte sie davon schon genug.

Nicht alles ist perfekt in ihrem Alltag und noch immer hat sie hin und wieder mit ihrer Wut zu kämpfen. Sie muss regelmäßig zu Nachuntersuchungen in die Charité und merkt die wachsende Fremdheit zwischen sich und dem Rest der Familie. Ihre Eltern und Geschwister können ihren Weg nicht verstehen. Charly ist jetzt wieder Charlotte. Eine junge Frau, die beharrlich daran arbeitet, ihre eigenen Träume zu verwirklichen.

11.

Zahlenmensch mit Herz

Im 50. Stock des Commerzbank-Turmes in Frankfurt am Main ist man ein wenig der Welt entrückt. An einem wolkenverhangenen Tag fühlt man sich wie in Watte gepackt; bei guter Sicht ist der Ausblick bis in den Taunus und den Rheingau mit seinen Weinbergen erhebend. Autohupen, Hektik und soziales Gefälle der Finanzstadt sind weit weg. Allerdings nicht für Daniel Schröder: Als sich unser Arche-Mann, damals Ende 20, hier mit Verantwortlichen der Bank zu einem Sondierungsgespräch traf, war er ganz bei denen, die man im Schatten der Bankentürme oft vergisst und fest entschlossen, unsere Idee zu verwirklichen: eine Arche für Frankfurt. Und außerdem schloss sich hier, in einem der legendären deutschen Finanztempel, für ihn ganz persönlich ein Kreis.

Als junger Mann hatte er nach der Schule eine Ausbildung zum Bankkaufmann in Ludwigsburg gemacht. Er wurde anschließend direkt übernommen, und sein Arbeitgeber schickte ihn für ein Dreivierteljahr nach Karlsruhe, mit Dienstwohnung und geregelten Arbeitszeiten. Am Wochenende und unter der Woche mittwochs kam er regelmäßig in seine Heimatstadt, um

Freunde zu treffen und einen Teenie- und Jugendkreis zu leiten.

So schön und luxuriös seine Arbeitsbedingungen waren, zumal für einen so jungen Mann wie ihn, merkte Daniel bald, wie wenig er sich in das Dasein als Banker einfinden konnte und wie sehr er sich hingegen für die Arbeit mit Kindern und Jugendlichen begeisterte. So sehr, dass er alle finanziellen Sicherheiten aufgab und ein duales Studium in praktischer Theologie in der Schweiz begann. Den praktischen Teil machte er in einer evangelischen Kirche in Neuenburg am Rhein, nur eine halbe Stunde von Basel entfernt. Jetzt ging es in seinem Leben ungleich bescheidener zu: Die Kirche zahlte ihm ein kleines Gehalt und stellte ihm ein Zimmer im Gemeindehaus zur Verfügung. Aber er war glücklich – das allein zählte. Das Pastorenehepaar traute ihm von Anfang an viel zu und bezog Daniel in die vielfältigen Aktivitäten der Gemeinde und die praktische Arbeit mit Kindern und Jugendlichen ein. Auch sein theoretisches Fundament erweiterte Daniel in den acht Jahren in Neuenburg, besonders prägte ihn das Promiseland-Konzept der Willow-Creek-Gemeinde aus Chicago: kindgerecht, kreativ, für den Alltag relevant, beziehungsorientiert und mit viel Spaß verbunden.

2006 schaute er sich in New York die Sonntagsschularbeit von Bill Wilson an. Wilson kümmerte sich um Kinder, die keiner haben wollte und die aus schwierigen Verhältnissen kamen. Tief beeindruckt von dessen Mut, dorthin zu gehen, wo kein anderer hingeht, und alles mit Hingabe und Leidenschaft zu tun, kam Daniel zurück.

Wieder zurück in Neuenburg, übernahm Daniel die Leitung der „Ichthys", einem wöchentlichen Angebot für Kinder

der ersten bis sechsten Klasse. Sein Mitarbeiterteam bestand aus vielen Jugendlichen, mit denen er gemeinsam das Programm organisierte. Zum ersten Mal seit Beginn des Studiums hatte er die Gelegenheit, einem Projekt seinen eigenen Stempel aufzudrücken und in jugendlicher Freiheit Neues auszuprobieren. Während dieser Zeit begegnete Daniel natürlich auch einer Reihe von Kindern, die sich nicht in die Gruppe einfügen konnten, die auffällig waren, die ein problematisches Elternhaus hatten. Kinder, die neben dem netten Programm eigentlich dringend auch anderweitige Unterstützung gebraucht hätten.

Ich lernte Daniel bei einem Vortrag über die Arche kennen, den ich an der Freien Evangelischen Schule in Lörrach hielt. Anschließend kam er auf mich zu und sagte, dass er während meiner Worte an die auffälligen Kinder aus seinem Umfeld denken musste. Er äußerte den Wunsch, an irgendeiner Stelle die Arbeit der Arche zu unterstützen. Wir vereinbarten einen Termin und wenige Tage später flog er nach Berlin und besuchte mich in Hellersdorf. Später erzählte er mir einmal, dass ihn bei unserem Treffen vor allem beeindruckte, dass es bei uns wirklich so zugeht, wie ich es in meinem Vortrag berichtet hatte – zum Beispiel, dass immer wieder Kinder in mein Büro kommen, um von ihrem Tag zu erzählen –, selbst wenn Besucher da sind. Das war genau das, was sich Daniel wünschte: sich Zeit für die Kinder zu nehmen und ihnen absolute Priorität einzuräumen. Als Daniel zurückflog, hatte er die Idee im Gepäck, eine Arche in Frankfurt am Main zu gründen. Und er wurde bald darauf einer unserer hauptamtlichen Mitarbeiter.

Zunächst hatte er eine Einarbeitungszeit in Hellersdorf. Wir schickten ihn auch in die Verwaltung, wo man ihm ein Kassenbuch gab, in das er sauber und ordentlich alle Zahlungen eintragen sollte. In der Pause fragten ihn natürlich die Kollegen, was er beruflich vor der Zeit bei der Arche gemacht hätte – „Bankkaufmann". Peinlich! Und sie hatten ihn mit Anfängerkram behelligt. Doch Daniel lachte darüber: „Ich hatte in Buchführung ohnehin eine Vier, kann nicht schaden, mich noch mal an die Basics zu setzen."

Die Gründung einer neuen Arche in Frankfurt war nicht einfach. Die Stadt schien anfangs nicht wirklich offen für die Idee zu sein, auf jeden Fall gestalteten sich die Verhandlungen zunächst zäh. Als Versuchsballon gliederten wir erst einmal die Einrichtung an die Berthold-Otto-Grundschule in Frankfurt-Griesheim an. Daniel organisierte eine Infoveranstaltung in der Schule und bat den Hausmeister, 70 Stühle aufzustellen, es kamen 100 Interessierte. Spätestens jetzt war klar: Wir hatten den richtigen Riecher, Frankfurt brauchte eine Arche. Im März 2011 wurde das Griesheimer Haus eröffnet, ein gutes Jahr später bereits eine zweite Einrichtung in der Frankfurter Nordweststadt – dieses Mal in einem eigenen Gebäude ohne Schulanbindung. Daniel leitete beide Einrichtungen, kümmerte sich aber auch mit dem Freundeskreis und Ludwig-Ferdinand Graf von Zech als Unterstützer der Arche-Stiftung vor Ort um Sponsoren und Spenden. Verschiedene einflussreiche Leute fuhren durch unsere Einladung das erste Mal nach Griesheim und bekamen eine Vorstellung, wie wichtig es ist, sich für die Kinder dort zu engagieren.

Daniel machte seine Arbeit so überzeugend, dass er nach einiger Zeit zusätzlich die Verantwortung für das Sponsoring der gesamten Arche-Arbeit in Deutschland und der Schweiz übernahm. Damit ist er jetzt zwar doch wieder bei den Finanzen gelandet, doch an Feriencamps, Kindergeburtstagen und Weihnachtsfeiern nimmt er immer noch teil. Er will den Alltag der Arche miterleben und dazu braucht er den Kontakt zu den Kindern. Überhaupt lässt sich Daniels Leben jetzt nicht mehr klassisch in Berufs- und Privatleben teilen. Er selbst sagt: „Ich habe die Arche immer so verstanden, dass mir die Arbeit ganz viel Freude machen muss, damit ich sie gut machen kann – Freude, mich einzubringen, und Freude im Zusammensein mit den Kindern. Ich selbst habe das besondere Glück, aus einer großen Familie zu kommen, wo wir gelernt haben, über Konflikte zu sprechen. Wir haben ehrliche, geklärte Beziehungen untereinander, was mir ein stabiles Fundament gegeben hat. Das Gute, das ich bekommen habe, möchte ich in meiner eigenen Familie weiterführen, aber auch viele andere Kinder daran teilhaben lassen. Deshalb ist es mir so wichtig, in der Arche eine Atmosphäre zu schaffen, die familiär, persönlich und sicher ist. Und deshalb sind auch meine Frau und meine Kinder immer wieder in der Arche, damit die Arche-Kinder mich auch in der Rolle erleben, wie ich als Papa bin.

Ich möchte den Kindern und ihren Familien Hoffnung vorleben, denn ich bin überzeugt, dass der Gott der Hoffnung an alle Menschen glaubt. Für mich bedeutet dies, dass auch wir niemanden ‚abschreiben‘, sondern jedem Einzelnen immer wieder sagen: ‚Ich glaube an dich, ich glaube, dass du das schaffen kannst!‘

Ich finde es wichtig, für all diese ,vergessenen Kinder' die eine oder andere Extrameile zu laufen, weil sie es verdient haben und weil sie nichts dafürkönnen, aus welchen Familien sie kommen."

Die Extrameilen, die Daniel Schröder selbst im Laufe seines Berufslebens gelaufen ist, haben sich gelohnt: Seit einiger Zeit ist er stellvertretender Leiter der Arche Deutschland.

12.

Dicke, Dicke, Dicke, Dicke

„Wenn meine Tochter mal in Fahrt kommt, dann hält die keiner mehr auf. Dann ist die wie 'ne Dampfwalze, schmeißt Tische und Stühle durch die Gegend und haut alle nieder, die ihr im Weg stehen!"

Ich war fassungslos, wie derb und schonungslos die Frau, die ich erst seit wenigen Minuten kannte, über ihre Tochter sprach. Vor allem aber war ich irritiert: Redeten wir hier wirklich über dasselbe Kind? Die neunjährige Jennifer kam zwar erst seit ein paar Tagen in unsere Düsseldorfer Arche, aber die Beschreibung der Mutter wollte so gar nicht zu meiner Wahrnehmung passen. Jennifer machte eher einen zurückhaltenden, schüchternen Eindruck auf mich. Sie hob selten den Blick, ließ kaum Augenkontakt zu und spielte meist ruhig vor sich hin.

Doch ihre Mutter berichtete mir, Jennifer sei für den Rest der Woche von der Schule suspendiert, weil sie dort ausgerastet war, mit Stühlen und sogar Tischen geworfen und einen Mitschüler heftig geschlagen hatte. Der traurige Hintergrund: Jennifer wurde in der Schule extrem gemobbt, weil sie stark übergewichtig war.

Das war sie eindeutig. Gedanklich fügte ich als Gründe dafür, dass die Klassenkameraden sie ausgrenzten, noch hinzu: weil sie eine sehr starke und altmodische Brille trug, deren dicke Gläser ihre Augen vergrößerten und sie total eigenartig aussehen ließen. Und weil sie billige, sackartige Erwachsenenklamotten anhatte. Sicher spielte auch eine Rolle, dass sie insgesamt wenig gepflegt wirkte. Eigentlich musste man eher Mitleid mit ihr haben, aber Schulkinder neigen ja dazu, jegliche Schwäche sofort auszunutzen.

Auf die blöden Sprüche und abfälligen Bemerkungen reagierte Jennifer erst mal nicht, sondern fraß sie im wahrsten Sinne des Wortes in sich hinein.

„Und irgendwann explodiert sie dann halt! Dann macht sie auf Dampfwalze! Ich kann da auch nichts machen. Wenn ich sie zu oft mit ihrem Gewicht aufziehe, rastet sie zu Hause auch aus", erzählte die Mutter.

Wir betrachten Jennifer nun mit anderen Augen und mussten schnell feststellen: Hänseleien gab es durchaus auch in der Arche. Die Kinder lästerten über Jennifers Brille und ihre Augen, über die omahaften Klamotten. Sie machten ihre Witze, weil sie dick war und schnell außer Atem kam und, und, und. Selbst wenn die Mitarbeiter oder auch andere Kinder Jennifer beisprangen, jedes gehässige Wort, das im Raum stand, wog schwerer als der Versuch, sie zu verteidigen oder in Schutz zu nehmen. Manchmal lachten Kinder in ihrer Nähe gar nicht über sie, sondern über einen Witz, dennoch bezog sie alles auf sich. Oft standen ihr dann Tränen in den Augen, die sie schnell mit dem Ärmel wegwischte. Hauptsache, das sah keiner, es wäre ja ein weiterer Grund gewesen, sie auszulachen.

Etwas entspannen konnte sie sich in der Nähe der Erzieher, weil sie wusste, dass man sie in solchen Momenten mit Gemeinheiten nicht behelligen würde. Aber wirklichen Kontakt ließ sie nicht zu. Jennifer war verschlossen und man spürte deutlich ihre Angst, sich jemandem zu öffnen – weil es das Risiko barg, wieder verletzt zu werden. Sie war oft einsilbig oder reagierte gar nicht und ließ sich nur selten mal zum gemeinsamen Spielen animieren.

Zwei Monate lang blieb das so. Jennifer ertrug die Erniedrigung in Schule und Arche scheinbar ungerührt, doch dann erlebten wir das erste Mal, wie es ist, wenn das Fass überläuft, wenn Jennifer sich gegen die täglichen Gemeinheiten wehrt, wenn sich ihre Wut und Verzweiflung entlädt und alles, was sich aufgestaut hat, aus ihr herausbricht. Ein Kind hatte ein Spottlied als Sprechgesang angestimmt, Thema war natürlich Jennifer. Noch bevor wir dazu kamen, das Kind zu maßregeln, flog ein Stuhl durch das Kidscafé. Jennifer rannte laut schimpfend und weinend durch den Raum, knallte zwei Tische gegen die Wand und schubste zwei Kinder, die ihr im Weg standen, heftig zu Boden. Dann lief sie raus. Draußen auf dem Außengelände holte ich sie ein und fragte: „Jennifer, was ist passiert?" Ich legte ihr die Hand auf die Schulter und wollte etwas Beruhigendes sagen, da brach sie laut weinend in Tränen aus, drehte sich von mir weg zur Hauswand, vergrub den Kopf zwischen den Schultern und schluchzte: „Ich bin das einzige Kind an der

Schule, das Frauenhosen tragen muss, weil ich für Kinderhosen zu fett bin. Ich will gar nicht mehr leben!" Der tiefe Schmerz des Mädchens war für mich kaum auszuhalten, ich hätte mitweinen können. Wie schlimm musste das alles für sie sein?

Es war klar, dass wir Jennifer helfen mussten, aus dieser Sackgasse herauszukommen. Erst einmal versuchten wir, etwas zu finden, was diesem lethargischen, trägen Mädchen Spaß machen könnte. Zunächst hatten wir keine Idee. Doch dann beobachteten wir, dass sie sich besonders für die Inlineskater auf dem Außengelände interessierte. Oft stand sie an der Spielhütte und sah den anderen sehnsüchtig dabei zu, wie sie durch die Gegend cruisten. Es selber auszuprobieren, traute sie sich allerdings nicht. Alle Motivationsversuche der Mitarbeiter schlugen fehl. „Nein, ich kann das sowieso nicht. Dafür bin ich zu dick, und wenn ich falle, lachen mich alle aus und dann wissen es morgen alle in der Schule und machen sich wieder lustig über mich!" – damit war das Thema für sie vorerst erledigt.

Nach etlichen Wochen schaffte es schließlich eine Praktikantin, dass Jennifer auf dem etwas abgelegenen Teil des Außengeländes ihre ersten Inliner-Versuche startete. Sie fiel natürlich auch hin, aber blieb dran und übte in den nächsten Wochen kontinuierlich. Die anderen Kids bekamen davon erst mal gar nichts mit, aber wir Mitarbeiter motivierten sie weiterzumachen. Und sie fuhr von Tag zu Tag sicherer. Zeitgleich mit ihrem Können keimte auch ein wenig Selbstbewusstsein in ihr auf. Sie hatte endlich etwas gefunden, worauf sie stolz war: „Guck mal, ich kann fahren, sogar den Berg runter. Und bremsen kann ich jetzt auch. Schau!"

Dann nahmen wir Kontakt zur Schule auf und überredeten die Lehrerin sowie die Mutter, Jennifer zu einer körperlichen und psychologischen Diagnostik anzumelden, um weitere sinnvolle Schritte einleiten zu können. Priorität eins war, ihr eine vernünftige Ernährung näherzubringen. Wir wussten aus Jennifers Erzählungen, dass am Wochenende bei ihr zu Hause vor allem Kuchen, fettige Käsesoßen, Eis und Chips gegessen wurden. Da lag die Wurzel des Übels. Mit einer Ernährungsberaterin stellten wir einen Essenplan für Jennifer und die ganze Familie zusammen, gingen gemeinsam einkaufen, kochten zusammen und ermutigten Jennifer, nicht aufzugeben. Regelmäßig gab es kleinere Belohnungen zur Motivation und vor allem viel Lob – und schon bald sah man den Erfolg. Jennifer nahm ab.

Inzwischen traute sie sich auch, gemeinsam mit anderen Kindern Inlineskates zu fahren und Tricks einzustudieren, die sie gern vorführte. Und die anderen Kinder honorierten, dass Jennifer sich richtig anstrengte und dadurch „irgendwie netter" wurde, also applaudierten sie ihr gern. Eine tolle Erfahrung für Jennifer! Gemeinsam mit einer Mitarbeiterin ging sie jetzt auch regelmäßig schwimmen. Das wollte sie verständlicherweise (erst mal) nicht mit Gleichaltrigen, aber die Zeit im Wasser und die Exklusivbehandlung genoss sie sehr.

Nach drei Jahren in der Arche, Jennifer war inzwischen zwölf, stand das anfangs so scheue Mädchen mit sechs anderen Kids auf der Bühne und tanzte bei unserer wöchentlichen

Party. Die Mädels hatten sich zu einem Lied aus den Charts, das sie gerade rauf und runter hörten, selbst einen Tanz überlegt und mit ein bisschen Unterstützung durch die Mitarbeiter einstudiert. Jennifer strahlte, war Teil der Gruppe und ging voll in Musik und Bewegung auf.

Doch auch wenn sie in der Arche inzwischen dazugehörte und auch die Stimmung zwischen Mutter und Tochter viel besser wurde, blieb der Schulalltag die Hölle für sie. Schließlich wurde nach vielen Gesprächen zwischen der Arche, Jennifers Mutter und den Lehrern ein Schulwechsel beschlossen. Endlich ein Neuanfang! Die Schule lag zwar recht weit weg und wegen der täglichen Fahrtzeiten kam Jennifer kaum noch in die Arche, aber wir wussten, dass ihr dieser Schritt guttat.

Ein halbes Jahr später stand sie auf dem Arche-Sommerfest vor mir: immer noch etwas mollig, aber gegenüber vorher wieder um etliche Kilo leichter. Sie trug ein cooles T-Shirt und kurze bunte Hosen, strahlte übers ganze Gesicht und zog ein zweites Mädchen an der Hand in mein Blickfeld. „Guck mal", sagte sie, immer noch grinsend, „das ist meine Freundin. Sie ist aus meiner Klasse. Hörst du? Meine Freundin! Ich hatte noch nie eine Freundin in der Schule. Und weißt du was? Die kennt die Arche nicht. Aber heute zeige ich ihr alles. Den Toberaum und den Hausaufgabenraum und dich. Weil, meine Freundin muss doch sehen, wie es hier aussieht, wo es mir immer gut geht!" Was für ein Fortschritt, was für eine ansteckende Lebenslust!

Eine ganze Weile später kamen Jennifer und ihre Mutter gemeinsam zu uns in die Arche. Sie baten um Nachhilfe, weil Jennifer nochmals die Schule wechseln wollte. Allerdings dieses
Mal nicht wegen Mobbings – sondern wegen ihrer guten Leistungen: „Mit ein bisschen Nachhilfe in Mathe kann ich auf die
Realschule wechseln, hat mein Lehrer gesagt. Und da will ich
unbedingt hin", sagte Jennifer klar, selbstbewusst und sieges-
gewiss.

Ich habe noch nie lieber einen Nachhilfelehrer organisiert!

13.

Wer A sagt, muss auch B sagen

Eines vorweg: Diese Geschichte geht gut aus, zumindest für den Jungen, der sie miterleben musste. Aber das ist fast ein Wunder. Denn die Welt, in die der kleine Denis hineingeboren wurde, ist an Brutalität kaum zu überbieten. Wir hören und erleben solche Geschichten in der Arbeit mit Kindern in der Arche immer wieder. Es ist unglaublich, was sich jeden Tag mitten unter uns abspielt.

Marek stampft in seinen schweren Stiefeln durch die Straßen einer Berliner Vorortsiedlung. Es flimmert vor seinen Augen. Den ganzen Tag und auch die Nacht zuvor hat er getrunken. Der Wodka war regelrecht in Strömen geflossen, wie schon so viele Nächte und Tage zuvor in seinem Leben. Marek ist genervt, als er seine Freundin Tanja vor dem Haus seines besten Kumpels Björn entdeckt, mit dem er jetzt weitertrinken will. Schon klar, sie will ihn abholen. Das regt ihn fürchterlich auf. Alles, was nach Kontrolle oder Bevormundung riecht, bringt ihn in Rage. Aber dass sie auch noch ihren kleinen Bastard Denis aus einer früheren Beziehung und ihren Cousin Moritz dabeihat, lässt Marek vor Wut innerlich kochen. Warum nervt seine Freundin schon wieder und was hat ihr Balg hier zu suchen? Das ärgert ihn sowieso, denn immer, wenn er Tanja an die Wäsche will, steht deren Baby Denis buchstäblich zwischen ihnen und verhindert den körperlichen Spaß, den Marek einfach braucht. Auf der anderen Seite der Straße entdeckt er jetzt auch noch das kleine Auto des Cousins, in dem jemand sitzt. Genau kann er es nicht erkennen, aber vermutlich ist es Tanjas Mutter. Wer auch sonst? Die geht ihm schon seit dem ersten Tag auf den Sack. Einen Moment zögert Marek. Er holt eine Zigarette aus der Packung, die letzte, zündet sie an und wirft die Schachtel in das kleine Gemüsebeet im Vorgarten von Björns Haus.

Soll er es den dreien mal so richtig zeigen? Schläge verdient haben sie alle und er fühlt sich stark.

Tanja liebt ihn, da kann er sich sicher sein. Doch wenn sie rumzickt, rutscht ihm meist die Hand aus, dann muss seine Freundin halt eine Weile mit blauem Auge und grünblauen Flecken am ganzen Körper rumlaufen. Eigentlich gibt es fast immer einen Grund, ihr zu zeigen, wer der Chef im Ring ist.

Marek ist der Sohn russischer Einwanderer. Sein Geburtsort liegt rund 200 Kilometer östlich von Moskau entfernt, doch an sein Elternhaus erinnert er sich nicht, denn die Familie verließ das Land, als er knapp zwei Jahre alt war. Er fühlt sich als Deutscher, genau wie seine Kumpels. Beide Eltern fanden in der Vergangenheit immer nur für kurze Zeit einen Job, meistens miserabel bezahlt. Das Geld war jedenfalls permanent knapp und außer Essen und Kleidung hat er von seinen Eltern nie etwas bekommen. Kuscheln, schmusen, zusammen spielen? Fehlanzeige. „Nichts verdirbt Kinder mehr, als wenn man ihnen das gibt, was sie sich selbst verdienen sollten" lautete der Erziehungsgrundsatz seines Vaters. Marek suchte und fand schließlich seinen eigenen Weg – und der war gepflastert mit Alkoholflaschen. Seitdem er mit elf Jahren seinen ersten Schnaps trank, wurde es stetig mehr. Sein Lieblingsgetränk ist Wodka, da ist er dann doch ganz Russe. Selbst nach einer ganzen Flasche steht er noch wie ein Fels in der Brandung. Nur so richtig im Griff hat er sich dann nicht mehr.

Marek muss unwillkürlich lächeln. Die Zahl der blauen Flecken auf den Körpern seiner verflossenen Geliebten steht für die Anzahl geleerter Flaschen – auf diesen Gedanken ist er in diesem Augenblick fast ein bisschen stolz. Das Grinsen vergeht ihm, als er für Sekunden an seine Schulzeit denkt. Von Anfang an kam er nicht mit, machte stattdessen Dummheiten und geriet schnell auf die schiefe Bahn. Acht Vorstrafen für aus seiner Sicht „kleinere" Vergehen – Schlägereien, Einbrüche und Gewaltdelikte – zieren bereits sein polizeiliches Führungszeugnis. Wirklich peinlich ist ihm das nicht; im Gegenteil, er sieht es auch mit einer gewissen Genugtuung. Letztlich ist diese Lebensform die einzig wahre, findet Marek. Kommen ihm Zweifel, verdrängt er sie. Er bezieht sogenannte *Transferleistungen*, manche sagen auch „Stütze" dazu, und lebt von Tag zu Tag, einer ähnelt dem anderen und vergeht meist ohne Sinn, aber dafür mit der Flasche in der Hand.

Hoffentlich hat seine Freundin Tanja Geld dabei, er braucht bald Nachschub, um den Pegel zu halten. Marek nimmt einen letzten Schluck aus der Flasche und spürt, wie sich die Aggression in seinem Körper breitmacht. Hinzu kommt die Müdigkeit.

Diese Mischung gibt ihm einen Adrenalinstoß, der sein Blut bis in die Fingerspitzen peitscht. „Was willst du hier? Lass dein Geld hier und verschwinde dann", herrscht er Tanja an. Die anderen beachtet er nicht. Der Kleine klettert eingeschüchtert auf den Arm seiner Mutter. Typisch! Das lässt Mareks Wut explodieren. Blitzschnell schnellt seine Faust vor und verfehlt das Auge seiner Freundin nur knapp. Die Hand schrammt an ihrer Schläfe entlang. Tanja und der Junge weinen, Moritz stellt sich vor sie. Er will die Situation entschärfen, redet beruhigend auf Marek ein, doch bei dem brechen jetzt alle Dämme. Er schlägt wieder zu, dieses Mal trifft er Moritz mitten im Gesicht. Der fällt zu Boden, krümmt sich vor Schmerzen und presst beide Hände vors Gesicht, um sich vor weiteren Attacken zu schützen. Doch Marek macht jetzt mit den Füßen weiter, tritt wie ein Besessener auf Moritz ein, in seinen Bauch, seinen Unterleib, gegen den Kopf. Moritz wehrt sich jetzt nicht mehr.

Tanja stellt ihren Sohn auf den Boden und schickt ihn zum Auto. Marek hält inne und schaut auf Moritz, dann beugt er sich zu ihm hinunter. Im Zeitlupentempo versucht Moritz, auf die Beine zu kommen, dann erbricht er sich. Tanja wird leichenblass. Beruhigend redet sie auf Marek ein, tätschelt seine Wange und sagt: „Wir müssen Moritz ins Krankenhaus bringen. Er sieht wirklich schlecht aus." Moritz bringt kein Wort über seine Lippen. Inzwischen ist er zwar hochgekommen, steht aber gekrümmt und hält seinen Bauch. Krämpfe schütteln ihn.

Jetzt, auf einmal, funktionieren Marek und Tanja wie ein perfektes Team. Sie hat ihm bisher schließlich immer verziehen – jedes Mal, wenn er ausfallend geworden ist, sie anschrie oder verprügelte: „Wenn er nicht betrunken ist, kann er ganz lieb sein", verteidigt sie ihn dann. Aber Marek ist fast immer betrunken und das weiß sie auch. Ein klassischer Fall von Ko-Dependenz also – so würden es Fachleute ausdrücken. Eine geradezu krankhafte gegenseitige Abhängigkeit, die auch durch zugefügtes Leid nicht kuriert wird. Ein häufiges Schicksal von Alkoholikerkindern.

Marek und Tanja nehmen Moritz jedenfalls nun in ihre Mitte und schleppen ihn zum Auto. Björn, der die ganze Zeit stumm dabeistand, torkelt zurück ins Haus. Das hier ist völlig aus dem Ruder gelaufen und er will nichts damit zu tun haben.

Tanjas Mutter steigt aus und hilft mit, Moritz auf die Rückbank zu verfrachten. Ihre Lebensphilosophie lautet: „Wer A sagt, muss auch B sagen." Auch sie wird regelmäßig verprügelt, und zwar von Tanjas Vater. Sie nimmt ihn danach ebenfalls immer sofort in Schutz und sucht, genau wie ihre Tochter, die Schuld bei sich selbst statt bei ihrem versoffenen Partner.

Die fünf quetschen sich ins Auto und Marek fährt ungeachtet seines dramatischen Promillewertes los. Wenn Marek Auto fährt, dann nie als Beifahrer – und schon gar nicht, wenn eine Frau ans Steuer will. Dort haben Frauen nichts zu suchen. In dieser Frage lässt er weder nüchtern noch im Suff mit sich reden.

Sie sind noch keinen Kilometer gefahren, da fängt Moritz an, schnell und flach zu atmen, als bekomme er keine Luft. Bis zur Klinik ist es noch ein ganzes Stück. Auf die Idee, einen Krankenwagen zu rufen, kommt niemand. Stattdessen tritt Marek aufs Gas und überfährt mit viel zu hoher Geschwindigkeit bei

Rot eine Ampel. Den Blitz aus dem grauen Kasten bekommt er gar nicht mit. Er fühlt sich jetzt wach, ja topfit. Moritz hingegen geht es immer schlechter, Speichel tropft aus seinem Mund auf die Hose. Plötzlich atmet er scharf ein – und dann entweicht jegliche Spannung aus seinem Körper. Moritz rührt sich nicht mehr. Die Erwachsenen im Auto schauen sich beklommen an, der kleine Denis wimmert leise.

Wahre Totenstille. Keiner spricht es aus, aber alle wissen: Moritz lebt nicht mehr. Als sie am Krankenhaus eintreffen, heben Sanitäter ihn auf eine Trage und versuchen noch in der Lobby, ihn wiederzubeleben. Vergebens.

Der Rest der Familie sitzt da schon wieder im Auto und fährt nach Hause, als sei nichts gewesen. Dort angekommen wäscht Tanja sofort die Kleidung von Marek, um mögliche Spuren zu verwischen, genau wie sie es im Fernsehen immer machen. Jetzt sind doch alle fürchterlich nervös. Tanja gießt sich ein Glas Wein ein und leert es in einem Zug.

Einige Stunden später klingelt die Polizei und nimmt Marek fest. Die Kleidung, die zum Trocknen hängt, wird beschlagnahmt und mitgenommen. Tanja versucht sofort, ihren Freund zu schützen. „Mein Cousin hat ihn angegriffen, es war Notwehr." Auch Tanjas Mutter, die vom Auto aus die Prügelei beobachtet hatte, beschuldigt das tote Opfer, aber auch das hilft nichts. Denn Björn, Mareks Kumpel, hat offenbar richtig detailliert ausgepackt. Er befürchtet eine Anklage wegen unterlassener Hilfeleistung und hofft, durch eine Zeugenaussage glimpflich davonzukommen. Das Foto aus dem Blitzer mit dem volltrunkenen Täter am Steuer ist ein weiterer Beweis. Marek wird später zu neun Jahren Gefängnis verurteilt.

Noch eine ganze Weile halten Tanja und ihre Mutter zu ihm: „Wenn Moritz sich nicht eingemischt hätte, dann wäre er nicht gestorben, und Marek könnte sein Leben in Freiheit genießen." Sie geben unbeirrt dem Opfer die Schuld an der Eskalation, klar, Moritz kann sich ja auch nicht mehr wehren. Tanja besucht ihren Marek regelmäßig im Gefängnis. Der wird von Monat zu Monat brutaler und schließt sich im Gefängnis einer gefährlichen Gang an. Das allerdings bereitet Tanja keine großen Sorgen, sie heiratet Marek nach zwei Jahren im Gefängnis und zeugt dort während der Besuchszeit mit ihm ein Kind, einen Jungen. Auf seinen Sohn ist Marek sehr stolz. Denis allerdings darf Tanja nie mitbringen, wenn sie ihren Mann im Gefängnis besucht: „Dieser kleine Bastard stört hier nur", versucht er seine Frau immer wieder negativ zu beeinflussen. „Wozu haben wir jetzt ein gemeinsames Kind, den anderen kannst du von mir aus in die Mülltonne stecken", sagt er lapidar. Bei jeder vernünftigen Mutter würden allerspätestens bei diesem Satz die Alarmglocken klingeln. Doch nicht so bei Tanja. Sie ist Marek völlig verfallen. Und sie hat auch schon eine Idee, wie sie Denis „entsorgen" könnte. Ihre Schwester und ihr Schwager wünschen sich schon seit vielen Jahren vergeblich ein Kind. Die beiden leben in der Schweiz und verdienen mit einem Onlinehandel recht viel Geld. Sie mögen Denis sehr und laden ihn in den Ferien gern zu sich ein. Und auch Denis ist gern bei ihnen und fühlt sich bei ihnen so wohl, dass er Tante und Onkel mit „Mama" und „Papa" anspricht. Doch eine Adoption, so wie es Tanja mit ihrer Schwester und ihrem Schwager plant, erweist sich als sehr schwierig, da Denis ja noch Eltern hat. Tanjas Schwester will aber unbedingt eine klare gesetzliche Regelung: „Ich traue ihr nicht über den Weg. Wenn der Kleine bei uns glücklich wird und sich eingelebt hat, dann kann es durchaus passieren, dass sie mich erpresst und sehr viel Geld von mir verlangt oder den Jungen zurückhaben will." Und ihrem Schwager Marek traut sie inzwischen ohnehin jedes Verbrechen zu.

Doch dann kommt der Wendepunkt: Während eines Hafturlaubs verprügelt Marek erneut Tanja und seine eigene Mutter, in deren Haus sie alle inzwischen leben. Der kleine Denis hat dabei sehr viel Glück, weil er sich schreiend zu einer befreundeten Nachbarsfamilie retten kann. Seine Mutter und die Oma werden zusammengeschlagen, bis sie blutend am Boden liegen. Nur den eigenen Sohn rührt Marek nicht an.

Jetzt hat auch Tanja endgültig genug. „Das mache ich nicht länger mit", sagt sie zu ihrer Schwiegermutter und sucht für sich und die Kinder eine kleine Wohnung. Mareks Mutter nimmt ihren Sohn auch nach diesem Vorfall noch in Schutz und sagt: „Er ist eigentlich ein guter Junge, ich verstehe nicht, warum du ihn verlassen willst. Auch ich habe früher von meinem Mann Schläge bekommen und bin daran nicht gestorben."

Zum Glück findet Tanja bei ihrer Schwester Unterstützung. Sie hilft ihr dabei, das Leben in geordnete Bahnen zu bringen, denn sie sieht, dass Tanja es mit ihrer Abkehr von Marek ernst meint.

Nach einem Jahr haben sich Marek und Tanja erstmals wieder getroffen und konnten dabei immerhin vernünftig über das Umgangsrecht für ihren leiblichen Sohn sprechen. Aber sie wird stark sein müssen, den regelmäßigen Kontakt zu Marek ohne Rückfall in die alte Abhängigkeit zu meistern.

Denis lebt jetzt ganz in der Schweiz bei seiner Tante und seinem Onkel. Die Adoption ist zwar noch nicht ganz durch, aber ihr Rechtsanwalt sieht gute Chancen dafür, nur noch ein paar kleine Formalitäten sind notwendig. Denis besucht eine renommierte Schule in der Nähe von Zürich und ist in psychologischer Betreuung, um all die traumatischen Erlebnisse verarbeiten zu können. Marek muss er nie wiedersehen.

14.

Geschwister sind das Größte

Wie in jeder Stadt gibt es auch in Hamburg jenseits der legendären weißen Prachtvillen an Außenalster und Elbe Gegenden, in denen nur Hochhäuser stehen. Das Leben der Kinder hier dreht sich nicht um Hockey, Klavierunterricht oder spektakuläre Geburtstagsfeiern in Museen. Eines dieser Kinder ist Lilly: Gemeinsam mit ihrem zwölfjährigen Bruder und ihrer Mutter lebt die Zehnjährige in einer kleinen Wohnung in Hamburg-Jenfeld. Dort hat Lilly ein eigenes Zimmer mit hellblauen Wänden. Hier ist sie gern, malt, spielt auf ihrem Kindercomputer oder kümmert sich um ihr Haustier, ein Meerschweinchen namens Shrek. Ihr Bruder Jimmy ist zwar nur zwei Jahre älter, aber die beiden spielen kaum miteinander. Das war auch früher schon so. Warum das so ist, versteht Lilly nicht.

Jimmy ist ein großer Fußballfan und geht zu jedem Heimspiel des HSV. Die Saison 2013/14 war schrecklich für Lillys Bruder. Immer wenn der HSV verlor, war er für einige Tage so schlecht drauf, dass er kaum ein Wort mit ihr sprach. Und das kam leider ziemlich häufig vor. Wenigstens ist der Verein nicht abgestiegen. Außerdem ist Jimmy auch deshalb nicht so viel zu Hause, weil er selbst in einem Verein kickt. Er hat einfach wenig Zeit für seine kleine Schwester. Aber wenn es hart auf hart kommt, ist Jimmy für sie da.

In der Nachbarschaft ihres Hochhauses herrscht ein rauer Umgangston, da ist man nicht zimperlich. Das ist stadtbekannt, deshalb rümpfen Menschen die Nase, wenn sie hören, wo Jimmy und Lilly wohnen. Aber die Wohnung ist billig und leicht mit öffentlichen Verkehrsmitteln zu erreichen. Kürzlich schenkte die Mutter Lilly ein Handy. Bereits zwei Tage später war es weg, ein Nachbarsjunge hatte es ihr zusammen mit zwei seiner Kumpels abgenommen. Lilly kam weinend nach Hause. Noch am gleichen Abend zogen Jimmy und der neue Freund der Mutter in Richtung Spielplatz, denn dort hielten sich die halbstarken Jungs in der Regel auf. Kinder trauen sich schon lange nicht mehr dorthin. Sie fanden den Dieb, den Lilly ihnen beschrieben hatte, sofort und nahmen ihm das Mobiltelefon wieder ab. Der Junge und einer seiner Freunde mussten danach im Krankenhaus behandelt werden.

Die Polizei rief niemand. Hier regelt man alles untereinander. „Der Junge beklaut uns nie wieder", sagte Jimmy nur, als er von seinem Rachefeldzug zurück war. Damit war das Thema erledigt, „weg vom Tisch", wie sich Robin, der Freund der Mutter, ausdrückt.

Besonders gern spielt Lilly mit ihren Freundinnen an einem kleinen Teich zwischen den Häuserblocks. Sie findet die grüne Wiese und die Bäume, die den kleinen Teich umgeben, romantisch. So ähnlich sah das auch in einem Film aus, den sie kürzlich zusammen mit ihrer Mutter im Fernsehen geschaut hatte. Die steht auf Liebesfilme, Jimmy findet so was kitschig. Und

Lilly? Lilly ist einfach gern draußen, freut sich, wenn der Wind die Bäume streichelt und die Wiesen im Frühjahr wieder richtig grün werden. Wenn man dann noch auf einem Pferd reiten könnte, wäre es perfekt. Sie fährt Rad oder Roller und hat kürzlich sogar in der Arche Inlineskates geschenkt bekommen.

Da die Gegend ansonsten so rau ist, darf sich das Mädchen nur in der Nähe des Wohnhauses aufhalten, so will es die Mutter. Das versteht Lilly allerdings nicht. „Hier ist es viel gefährlicher als zum Beispiel im Einkaufscenter und das ist doch nicht mal einen Kilometer entfernt." So überquert sie oft heimlich die große Straße in der Nähe des Hochhauses. Lilly mag Straßen am liebsten, wenn sie leer sind. Dann sind sie nicht so laut und sie muss keine Angst vor den Autos haben, vor allem vor den Bussen und Lastwagen.

Wenn es regnet, findet man Lilly immer in der Arche, ganz in der Nähe ihrer Wohnung. Hier hat sie Freunde und trifft sich mit ihnen zum Tanzen und Spielen. Auch ihre Hausaufgaben macht Lilly gern bei uns, weil ihr hier jemand helfen kann, vor allem in Mathe tut sie sich nämlich sehr schwer. Auch Jimmy kommt in die Arche, spielt dort vor allem mit seinen Kumpels und beachtet seine Schwester kaum. Trotzdem fühlt sie sich dann noch ein bisschen besser bei uns, einfach sicherer, Hauptsache, er ist da. Jimmy findet man fast immer draußen auf der Wiese. Wenn er nicht zum Fußballtraining muss, kickt er hier gegen den Ball. Rund 20 Kinder treffen sich dort im Garten der Arche unter Anleitung eines Sportpädagogen. Eine bunte Truppe, deren Eltern aus 16 verschiedenen Ländern stammen. Demnächst steht ein Spiel an gegen eine Arche-Auswahl in Berlin. „Das wird eine Gaudi", ist sich Jimmy sicher. „Die putzen wir weg, genau wie der HSV demnächst die Hertha aus Berlin."

Dass Jimmy Profikicker werden will, ist klar. Lilly hat da für sich weniger hochtrabende Pläne: „Wenn ich groß bin, möchte ich mal Masseurin werden oder Rettungsschwimmerin." Lilly massiert fast jeden Abend ihre Mutter und hat dabei sehr viel Spaß. „Ich klettere auf ihren Rücken und manchmal dauert das Ganze eine halbe Stunde", erzählt sie den Mitarbeitern der Arche begeistert. Auch die mussten schon als „Patienten" herhalten. Es gibt kaum verspannte Schultern dort, die noch nicht von Lilly bearbeitet wurden. Darauf ist sie sehr stolz. Aber auch Rettungsschwimmerin wäre eine Möglichkeit, da sie bereits einen Schwimmkurs machen durfte und dabei sehr viel Spaß hatte.

Wenn Lilly drei Wünsche freihätte, kommt erst mal nur ein Wunsch: nämlich, dass ihre Eltern wieder ein Paar werden. „Der Robin, der Neue von meiner Mutter, ist auch nicht schlecht, aber sicher bald wieder weg, denn der ist neun Jahre jünger als sie", erzählt uns Lilly. Ihre Eltern sind schon seit längerer Zeit getrennt und Lilly sieht ihren Vater nur ganz selten mal am Wochenende. Er wohnt in einem entfernten Stadtteil von Hamburg und Lilly darf noch nicht allein mit der S-Bahn zu ihm fahren.

Vor Weihnachten stehen noch zwei weitere Anliegen auf ihrem Wunschzettel: Sie hätte gern noch eine kleine Schwester. „Die muss genauso nett sein wie mein Bruder, nur eben ein Mädchen und kein Fußballfan", hat sie aufgeschrieben. Außerdem will sie eigene Kinder, später einmal, und zwar „mindestens neun oder zehn davon". Auch das steht auf dem Wunschzettel ans Leben. Geschwister sind das Größte für sie, offenbar noch wichtiger als Eltern. Sie fände es richtig toll, wenn alle Freunde gleichzeitig auch ihre Geschwister wären.

Lilly kommt jetzt schon fast drei Jahre in die Hamburger Arche. Sie ist ein tolles Mädchen, nur für die Schule muss man sie jeden Tag wieder neu begeistern. Es wird eine Herausforderung, den Abschluss an der Stadtteilschule zu schaffen. Jimmy hingegen kam neulich sogar mit einer Eins in Englisch nach Hause. Auf diese Note war er sehr stolz. Vermutlich liegt das an einem Besuch, den wir vor einer Weile hatten: Ein Scout des HSV sah Jimmy kürzlich spielen und lobte ihn: „Du musst aber mindestens die zehnte Klasse mit einem guten Abschluss schaffen, sonst kannst du bei uns nicht spielen", sagte er eindringlich. Kurze Zeit später zogen die Leistungen des Jungen auch in der Schule an, sodass sogar seine Mutter bei uns vorbeikam und staunte: „Was habt ihr nur mit meinem Jungen gemacht? Der sitzt fast jeden Tag zwei Stunden lang zu Hause am Esstisch und lernt." Es sind Momente wie diese, in denen auch wir vor Stolz platzen könnten. Und Lilly in ihrer verträumten, romantisierenden Art werden wir weiterhin dabei begleiten, so stark und selbstsicher zu werden, dass sie irgendwann den einen oder anderen Traum verwirklichen kann.

Kinderwünsche

Ich wünsche mir:

☆ dass ich keine Bestrafung mehr bekomme, wenn ich Blödsinn mache.

☆ dass Mama mir mehr vertraut.

☆ dass meine Mama nicht so viel arbeiten muss und trotzdem so wenig Geld da ist.

☆ dass sich meine Mutter mehr um die Dinge kümmert, die mich betreffen, zum Beispiel, dass sie den Zettel beim Jobcenter ausfüllen lässt, damit ich mit zur Klassenfahrt kann.

☆ dass ich mit meiner Mama mal einen Ausflug machen kann.

☆ dass Papa mir ein Geburtstagsgeschenk kauft.

☆ dass mein Papa mal mit mir Hausaufgaben macht.

☆ dass ich und meine Schwester zum Vater ziehen dürfen.

☆ besser als meine Mama zu werden.

Ich hätte gern ein Dach über meinem Hochbett und dass ich nicht rausfalle.
Ich will zu meinem Papa!

Ich habe keinen Wunsch – wird eh nichts draus.

15.

„Wo ist Katze?"

Wir nennen ihn „Katze", seinen bürgerlichen Namen kennen die wenigsten. Er ist 32 und aus der Arche nicht mehr wegzudenken. Ich bezeichne ihn gerne als „festes Inventar unserer Einrichtung". Das war einmal anders. Katze war Nazi, und zwar ein überzeugter. Aber von vorn: Seine leiblichen Eltern hat Katze nie kennengelernt, er wurde dreimal adoptiert und hat Dinge erlebt, die Kinder nicht erleben sollten. Seine ersten Adoptiveltern waren Alkoholiker, konnten dies vor dem Jugendamt jedoch viel zu lange verbergen. Das mussten sie auch, „verdienten" sie doch damals ihr Geld mit Pflegekindern. Für Katze waren diese Jahre traumatisch. Schon am frühen Morgen begannen seine Adoptiveltern zu trinken, ab mittags waren sie nicht mehr ansprechbar. Es gab kein regelmäßiges Essen, niemand spielte oder beschäftigte sich mit dem Jungen, es kam kein Besuch und Freunde hatte er durch dieses Leben natürlich auch nicht. An alle Einzelheiten kann oder will Katze sich heute nicht mehr erinnern.

Als Katze sechs Jahre alt war, fielen dem Jugendamt die üblen Lebensumstände auf, unter denen der kleine Junge litt. Er wurde aus der Pflegefamilie herausgenommen und kam in eine neue. Hier wurde es noch schlimmer für den kleinen Jungen, denn ab jetzt setzte es Schläge. Was immer er tat, es war für seine neuen Adoptiveltern Grund genug, ihn zu verprügeln. Unvorstellbar: Es dauerte mehrere Jahre, bis das Jugendamt auch dieses Martyrium endlich beendete. Katze kam in die nächste Familie, nunmehr seine dritte. Was eigentlich zum Guten eines Kindes geschieht, ist aber im ersten Moment für das Kind selbst furchtbar grausam. Wie ein geprügelter Hund an seinem Herrchen hängt, so wollen die wenigsten Kinder sich von ihren Eltern trennen, egal, wie schlecht sie von ihnen behandelt wurden. So ging es auch Katze.

Zwar traf es Katze mit der neuen Familie endlich wesentlich besser und seine neuen Eltern bemühten sich sehr, ihm Geborgenheit, Verständnis und Nähe zu schenken, doch der Junge war mittlerweile so traumatisiert, dass er sich in einem normalen Familiengefüge nicht zurechtfand. Sein Sozialverhalten war bereits stark gestört.

Mit 15 Jahren lernte er einen jungen Mann kennen, der bei den Jungen Nationaldemokraten in Berlin ein hohes Tier war. Durch ihn geriet Katze in rechte Kreise. Was ihm dort auf Anhieb besonders gefiel, war das Zusammengehörigkeitsgefühl. Alle trugen die gleiche Kleidung – Bundfaltenhose, Hemd und Hosenträger in den Farben Schwarz, Rot und Gold und dazu blank geputzte Stiefel. Hier, so dachte er damals zumindest, hatte er eine neue, verlässliche Familie gefunden.

Sehr schnell stieg er in der Hierarchie der Bewegung auf. Katze war zuständig für die Anwerbung neuer Mitglieder und verdiente sehr viel Geld damit. Er bekam schon mit 15 Jahren ein „Grundgehalt" von 2000 DM und dazu eine Prämie für jedes neue Mitglied. Außerdem gehörte er einem Schläger-trupp an, der andere Jugendklubs „aufmischte". Das Motto die-ser Gruppe: Zerschlagt alle Einrichtungen, die uns nicht auf-nehmen wollen oder die gegen uns sind!

Und so kamen sie irgendwann auch auf uns. Katze stand eines Tages vor der Tür der Berliner Arche, inspizierte dann in aller Ruhe Raum für Raum und kam schließlich zu dem Schluss: „Das sieht ja alles ganz gut aus hier. Tischtennis, Kicker, Bil-lardtisch und eine Musikanlage. Das Einzige, das stört, seid ihr!" Klare Ansage. Ich kam mir vor wie bei einem Western-duell und konterte: „Da musst du aber erst mal an mir vorbei." Daraufhin verschwand er.

Doch mein scheinbarer Sieg währte nur ein paar Tage, dann kam er mit rund 50 seiner Kumpels wieder. Mein Team und ich waren nervös: Würden sie die Räume demolieren? Uns an-greifen?

Wir wussten, dass wir nicht die geringste Chance hatten, uns gegen diese Gruppe zu wehren, wenn es tatsächlich zu einem Angriff kam.

Wir begannen mit ihnen zu reden und sie stiegen darauf ein. Schließlich boten wir ihnen an, dass sie zwei unserer Räume für ihre Treffen nutzen dürften. Das hatten sie nicht erwartet. Natürlich gingen wir damit das Risiko ein, man könnte uns für rechtsgerichtet oder zumindest für Sympathisanten hal-ten, doch das nahmen wir für den Moment in Kauf. Die meis-ten dieser Jugendlichen begeisterten sich doch für die Rechten, weil sie schlichtweg keine Alternativen kannten. Und genau die wollten wir ihnen bieten.

So kam es, dass einige in der Folgezeit den Weg in die Arche fanden. Manchen von ihnen konnten wir allerdings nicht mehr helfen. Sie steckten einfach zu tief in diesem Sumpf aus platten Argumenten, Ausländerhass und roher Gewalt fest. Aber einige waren offen dafür, von uns einen anderen Weg aufgezeigt zu bekommen – so auch Katze. Gegen ihn liefen seinerzeit 16 sogenannte *Sammelverfahren*, wobei ein Sammelverfahren erst ab mindestens fünf Strafverfahren beginnt.

Sein Hauptproblem war, dass er immer wieder in Schlägereien mit Anhängern von linken Parteien und Vereinigungen verwickelt war.

Wir diskutierten viel mit Katze und seinen Freunden und versuchten auch, ihnen konkret zu helfen, indem wir Kontakt zu ihren Bewährungshelfern oder dem Staatsanwalt aufnahmen. Es gelang uns zum Beispiel, dass Katze Sozialstunden in der Arche abbüßen konnte, so konnten wir weiterhin ein Auge auf ihn werfen.

Dann kam eine weitere Baustelle für ihn hinzu. Er verliebte sich in eine 14-Jährige, die recht bald schwanger wurde. Kurz nachdem das Kind da war, ging die Beziehung allerdings in die Brüche. Mit unserer Hilfe kümmert Katze sich aber bis heute um Frau und Kind, genau wie um die zwei weiteren Kinder, die seine Exfreundin inzwischen bekommen hat. Er hat gelernt, Verantwortung zu übernehmen.

Vor dem Gefängnis konnten wir Katze letztlich nicht bewahren. Insgesamt sieben Monate musste er bisher absitzen. Ein besonders schlimmes Erlebnis dort hat sich ihm bis heute tief eingeprägt. Als ihn die Beamten bei der Einlieferung in

Berlin-Plötzensee abtasteten, rastete er aus, griff die Wärter an und schlug mehrfach zu. Natürlich wurde er schnell überwältigt – und anschließend vorübergehend in eine Zelle des berüchtigten Block 6 gesteckt, wo überwiegend pädophile Straftäter einsaßen. Katze kannte viele Horrorgeschichten aus Block 6, hatte tagelang furchtbare Angst und war davon überzeugt, dass das die Strafe der Wärter für seinen Ausraster war. Immerhin: Katze blieb am Ende unversehrt und kam nach einigen Tagen wieder in einen Trakt mit anderen, jüngeren Mitgefangenen.

Als er wieder draußen war, begann er nach und nach, sich zusammen mit einigen Freunden von der rechten Szene zu lösen. Das war nicht einfach, hatte man doch immer die Rache der ehemaligen Kameraden zu befürchten. Manche seiner Kumpels mussten damals sogar für mehrere Monate untertauchen. Eine Weile lebte Katze in zwei Welten. Einerseits kam er regelmäßig zu uns in die Arche, andererseits verdingte er sich immer wieder als Geldeintreiber, wenn Ebbe in der Kasse war. Und es passierte ihm immer wieder, dass er auch außerhalb solcher „Einsätze" zuschlug, auch wenn er jetzt die Seiten gewechselt hatte und für „das Gute" kämpfte. Einmal wurde er Zeuge, wie rechte Jugendliche einen Mann dunkler Hautfarbe zusammenschlugen. Katze prügelte den Haupttäter 500 Meter durch die nächtlichen Straßen seines Bezirks. Der Mann kam für längere Zeit ins Krankenhaus. Der Zweck war dieses Mal in Ordnung, an den Mitteln musste Katze noch arbeiten.

Katze engagiert sich inzwischen außerdem sehr stark gegen Kindesmissbrauch. Vor einer Weile sah er in einem Einkaufszentrum einen Mann, der zwei Kinder ansprach, die alleine unterwegs waren. Katze kannte die beiden Kids aus der Arche. Sekunden später war er bei ihnen und wandte sich direkt an den Mann. „Entschuldigen Sie, Herr Kinderschänder, wenn Sie die Kinder bitte in Ruhe lassen würden!" Der Mann erstattete natürlich sofort Anzeige gegen Katze. Es stellte sich allerdings später heraus, dass er bereits zweifach vorbestraft war, weil er sich an Kindern vergangen hatte. „Im Gefängnis habe ich ein Gefühl für schräge und heimtückische Menschen entwickelt", kommentierte dies Katze.

Heute ist die häufigste Frage in der Hellersdorfer Arche: „Wo ist Katze?" Denn er arbeitet mittlerweile bei uns als „Mädchen für alles". Katze macht Reparaturen jeglicher Art, fährt das Mittagessen aus der Zentralküche für die verschiedenen Einrichtungen aus, hilft in unserem Sozialkaufhaus in Berlin-Reinickendorf oder als Aushilfskoch in der Küche und organisiert die Abholung von Sachspenden. Und kürzlich hat er sogar ein Seminar veranstaltet mit Jugendlichen, die für rechtes Gedankengut anfällig sind – das war ihm eine Herzensangelegenheit.

Eine andere Herzenssache fand ihren Anfang in unserer Arche-Küche. Man könnte sogar sagen, die Arche-Kinder haben hier Amor gespielt, und das kam so: Die Köchin in unserem Hellersdorfer Haus war ausgefallen, also sprang Katze ein und traf in der Küche auf unsere damalige Praktikantin Patricia. Kurz vor Mittag, die Zeit bis zur Essensausgabe wurde knapp, rührte er ratlos in einem riesigen Topf mit Reis herum. Irgendwie schmeckte ihm das Ganze nicht so recht, aber die ersten Kids standen schon im Speisesaal und skandierten munter: „Wir haben Hunger, Hunger, Hunger!" Katze schaute vorsichtig nach links und nach rechts, dann schüttete er kräftig Salz in den Milchreis, der wohl eher Zucker gebraucht hätte.

Minuten später rief das erste Kind: „Der Koch ist verlie-hiebt, Katze ist verlie-hiebt, das Essen ist versalzen!"

Daraufhin schauten sich Patricia und Katze genauer an und einige Tage später waren sie ein Paar, wenn auch ein sehr ungleiches. Patricia ist heute als ausgebildete Erzieherin bei uns angestellt und übrigens überzeugte Christin. „Gegensätze ziehen sich halt an", knurrt Katze nur, wenn jemand das merkwürdig findet.

Aufgrund seiner eigenen Geschichte behält Katze die Jugendlichen, die zu uns kommen, ganz besonders im Blick. Oft setzt er sich zu ihnen und diskutiert mit ihnen über Politik und seinen Ausstieg aus der rechten Szene.

Es ist auch für uns immer noch unbegreiflich, warum so viele junge Menschen gerade aus Berlin-Hellersdorf mit den Rechten sympathisieren und regelmäßig mit der NPD dafür demonstrieren, dass das Flüchtlingsheim aus unserem Stadtteil verschwindet. Warum ist das so?

Fast alle dieser jungen Menschen kommen aus bildungsfernen Familien und sehen in den Flüchtlingen Konkurrenten um einen Ausbildungs- und Arbeitsplatz. Sie wissen nicht, woher diese Menschen im Heim kommen und was sie durchgemacht haben, denn keiner dieser überwiegend jungen Männer liest Zeitungen mit Hintergrundberichten oder schaut sich Nachrichtensendungen an. Sie brüllen die Parolen nach, die ihnen von anderen vorgegeben werden, sie bewundern es, dass die Rädelsführer sich nicht den Mund verbieten lassen, und sie finden den martialischen Kleidungsstil der Rechten cool.

Die Gründe für diese Entwicklungen sind seit Jahren bekannt. Warum gelingt es Politik und Gesellschaft dann immer noch nicht, diesen jungen Menschen eine Alternative zu bieten? Im Gegenteil: Mit der Pegida-Bewegung bietet sich den Rechten jetzt noch eine weitere Plattform, regelmäßig in der Öffentlichkeit aufzulaufen und ihre Ideen zu verbreiten.

Einmal erfuhren wir, dass der 17-jährige Robin, der regelmäßig zu uns in die Arche kommt, auch auf die Demos der Rechten geht. Das erstaunte uns, denn er ist eigentlich eher schüchtern und sehr höflich, sowohl gegenüber uns Erziehern als auch zu Gleichaltrigen. Wir konnten ihn uns gar nicht grölend inmitten des Mobs vorstellen. Also baten wir Katze, sich mal „von Mann zu Mann" mit Robin zusammenzusetzen.

Robin hat neun Geschwister. Die Eltern sind seit Jahren immer wieder arbeitslos und der Vater, so erfuhren wir von Katze, war vor nicht langer Zeit der NPD beigetreten. Zu Hause wurde permanent auf Ausländer geschimpft. „Wenn die dortbleiben würden, wo sie herkommen, dann wäre ich nicht arbeitslos", bläute der Vater seinen Kindern ein. Robin selbst hat den Hauptschulabschluss leider nicht geschafft und findet keinen Ausbildungsplatz. „Schuld daran sind die Ausländer", sagt auch er, genau wie sein Vater.

Manchmal braucht man schlichte Wahrheiten, um das eigene Leben leichter ertragen zu können. Aber Katze meint zuversichtlich: „Den Robin bekomme ich da schon weg" – und wenn wir das jemandem zutrauen, dann ihm. Er ist zwar kein Pädagoge, aber die Kinder und vor allem die Jugendlichen mögen ihn sehr. Sie spüren: Er ist einer von ihnen.

Katze ist ein Arche-Kind der ersten Stunden. Von den 20 Jahren, die es uns jetzt in Berlin gibt, ist Katze 17 Jahre dabei, anfangs als pöbelnder Halbstarker, jetzt als Teil des Teams. Natürlich ist es nicht immer leicht, mit Katze zusammenzuarbeiten. Von Diplomatie hat er jedenfalls keine Ahnung; also sagt er es laut und deutlich, wenn ihm etwas nicht passt oder er einen Kollegen nicht mag. Aber die Arche ohne Katze, das können und wollen wir uns gar nicht vorstellen.

16.

Kleiner Junge, viel zu groß

Vor ein paar Jahren wunderten sich Besucher unserer Hellersdorfer Arche in Berlin über einen Jungen, der regelmäßig neben meinem Schreibtisch stand und das Telefon abnahm, sobald es klingelte, oder sich anbot, ihnen die Räumlichkeiten und das Gelände zu zeigen. Robert wollte einfach mitarbeiten. Erst nach und nach begriffen wir, warum: Wie man mit anderen Kindern spielt und tobt, wusste er gar nicht mehr. Er hatte verlernt, Kind zu sein.

Auf meine Frage, was er abends zu Hause mache, sagte er: „Wenn die Kinder im Bett sind, dann spielen Mama und ich manchmal ‚Mensch ärgere dich nicht‘, wenn sie Lust hat." Robert war neun, als er das sagte.

Der Junge hat drei jüngere Geschwister. Sein Vater war schon lange weg, genauso wie der Vater seiner drei Halbschwestern. Die Mutter, noch keine 40, war schon immer arbeitslos. Sie hatte keinen Schulabschluss und nie eine bezahlte Arbeit gefunden. Manchmal träumte sie von einer zweiten Chance. Sie sagte, sie würde gerne noch einmal ihre Kindheit neu erleben und dann versuchen, mehr aus ihrem Leben zu machen, doch in Wirklichkeit hatte sie schon längst aufgegeben. In der unaufgeräumten Dreizimmerwohnung saß sie von morgens bis abends vorm Fernseher und rauchte eine Zigarette nach der anderen. Der Kühlschrank war meist leer, regelmäßige Mahlzeiten gab es nicht – wenn Robert sich nicht darum kümmerte. Robert war der „Mann" im Haus und für seine Halbgeschwister der Ersatzvater.

Er kaufte ein, brachte die Kleinen in die Kita oder ging mit ihnen zum Arzt. Dann musste er genauso funktionieren wie ein Erwachsener. Einmal sah ich ihn, wie er seine dreijährige Schwester Annika hinter sich herzog. Sie schrie, er redete auf sie ein: „Er wird schon nicht bohren. Er guckt nur nach!" „Die Kleene", wie Robert sie nennt, hatte das ganze Wochenende über Zahnschmerzen, deshalb machte sich Robert gleich am Montagmorgen mit ihr auf den Weg zum Arzt. Der Aufzug im Mietshaus war kaputt, also musste er seine Schwester irgendwie die vier Stockwerke hinunterbringen. Mal trug er sie ein Stück, dann wieder zog er sie hinter sich her. Sie weinte und weinte und ihr Gebrüll war sicher in allen Wohnungen zu hören, doch hier kümmerte das niemanden. Keine Tür ging auf, keiner schaute nach, was los war und ob man helfen konnte. Hier hat jeder seine eigenen Probleme und davon nicht zu wenige.

Die Praxis lag rund zweieinhalb Kilometer weit entfernt im eigentlichen Zentrum des trostlosen Stadtteils. Am leichtesten wäre es für Robert gewesen, die Straßenbahn zu nehmen, sonst würde es mit der sich wehrenden Annika quasi ewig dauern. Doch da gab es ein Problem: Er hatte kein Geld für einen Fahrschein. Annika durfte mit ihren drei Jahren noch umsonst fahren, aber Robert nicht. Doch der biss die Zähne zusammen und zog seine Schwester in die Bahn. Es war nicht das erste Mal, dass Robert schwarzfuhr. Rund dreißig Mal wurde er schon erwischt und den Berliner Verkehrsbetrieben gemeldet. Doch auf dem Weg zum Zahnarzt ging diesmal alles gut. Keine Kontrolle – und die „Kleene" hatte sich inzwischen auch beruhigt. Fünfzehn Minuten später saßen sie in der Praxis und die erste Hürde des Tages war gemeistert.

Natürlich musste Robert auch noch in die Schule. Doch da war er oft viel zu müde, um konzentriert mitzuarbeiten. Während des Unterrichts holte der Junge seinen fehlenden Schlaf nach – und die Lehrerin ließ ihn. Robert hatte deshalb große Wissenslücken, und es war fraglich, ob er die jemals würde auffüllen können.

Als Robert schon drei Jahre lang zu uns kam, traf ich ihn einmal weinend auf dem Flur sitzen. Er erzählte mir, dass seine Mutter ihn nicht zu Hause haben wolle, weil sie Besuch habe, und dass sie ihn zu einer Tante geschickt habe, die er nicht besonders mochte. Ich lud ihn in mein Auto und fuhr mit ihm gemeinsam zur Mutter. Als ich meinen Wagen vor dem Mietshaus geparkt hatte, weigerte Robert sich auszusteigen. Erst weinte er nur, dann schrie er. Er wollte das Auto partout nicht verlassen. Wahrscheinlich war es für ihn ein Schutzraum. Das Spektakel, das er machte, war nun doch so ungewöhnlich, dass einige Nachbarn sich an den Fernstern zeigten, um zu sehen, was los war. Nur die Mutter ließ sich nicht blicken. Irgendwann ging die Haustür auf und zwei von Roberts kleineren Geschwistern kamen zu uns gelaufen – trotz der kühlen Temperaturen nur mit einem offenen Bademantel bekleidet.

Es dauerte rund 20 Minuten, bis sich Robert beruhigt hatte. Die Mutter hatte sich bis zu diesem Zeitpunkt noch immer nicht gezeigt. Ich brachte den Jungen nach oben, wollte mit der Frau reden, doch die sagte nur, sie habe Besuch und keine Zeit.

Auf die Frage, ob er glücklich sei, antwortete Robert einmal: „Manchmal ja, manchmal nein." Wie alle Kinder liebte auch er seine Mutter, doch es gab Tage, an denen wollte er partout nicht zu ihr zurückgehen. In solchen Momenten sagte er, die Arche sei sein Zuhause.

So gern wir es haben, wenn sich die Kinder bei uns rundum geborgen fühlen, erschreckte uns das doch sehr. Und schließlich bekamen wir auch den erschütternden Grund heraus: Wenn der Vater seiner drei Halbgeschwister da war, erklärte er, müsse er oft stundenlang in der Ecke stehen, manchmal bekomme er auch Schläge mit dem Schlappen.

Ab jetzt waren wir alarmiert! Einige Zeit später holten wir Robert in Zusammenarbeit mit dem Jugendamt aus seiner Familie. Der Stiefvater hatte versucht, ihn mit heißem Kaffee zu übergießen.

Das Jugendamt betreute Roberts Familie nun besonders aufmerksam, vor allem, wenn der Stiefvater tageweise zu Besuch war. Auch wir von der Arche waren häufig bei Robert und seiner Familie zu Hause, haben stundenlang mit der Mutter und mit dem Vater von Roberts Geschwistern geredet. Immer wieder hatte der Stiefvater des Jungen Gewaltausbrüche und dementsprechend groß und begründet war Roberts Angst vor dem Mann.

Hatten Robert und seine Geschwister eine Chance auf ein besseres Leben? Robert hatte kaum Kontakte zu gleichaltrigen Kindern. Einen Sportverein oder gar Musik- oder Nachhilfeunterricht konnte sich die Mutter für ihre Kinder nicht leisten. Der Junge konnte nicht einmal raus aus seinem Bezirk, denn auch dafür fehlte ja das Geld. Einmal zeigten wir ihm die Sehenswürdigkeiten der Hauptstadt: das Brandenburger Tor, die Friedrichstraße, die Straße *Unter den Linden* und das Regierungsviertel. Wir waren mit ihm Pizza und Eis essen, danach haben wir uns eine Zirkusvorstellung angeschaut. So viele Highlights an einem Tag! So viele Glücksmomente, wie er sie vermutlich zuvor in seinem ganzen Leben noch nicht erlebt hatte.

Kam er mit seiner kleinen Schwester in die Arche, kümmerten sich unsere Mitarbeiter um Annika, und wir versuchten, Robert Mut zu machen, selbst Kind zu sein. Es fiel ihm schwer, zusammen mit anderen Kindern zu spielen, weil er es einfach nicht gewohnt war. Aber wir waren froh, ihm zeigen zu können: Wir stehen an deiner Seite.

Als Robert einmal bei uns im Haus von einer Journalistin gefragt wurde, ob er denn auch einen guten Freund habe, antwortete er: „Ja, Jesus, der ist mein Freund." Robert kam aus einer nicht christlichen Familie und hatte das erste Mal in der Arche in einer Kinderbibel gelesen. Das hatte ihn anscheinend bleibend beeindruckt.

Hin und wieder fuhr Robert mit zu den Arche-Feriencamps. Dann konnte er – zumindest für eine gewisse Zeit – vergessen, was sein Kinderherz belastete. Wenn man ihn dann beobachtete und seine begeisterten, glücklichen Augen sah, wusste man, dass es Hoffnung auf eine bessere Zukunft gab. Wir von der Arche wollten so gut wie möglich versuchen, ihm eine schöne Zukunft zu ermöglichen. Wie ernüchternd, dass diese schönen Momente nie lange anhielten, sobald er wieder der Brutalität und Gleichgültigkeit zu Hause ausgeliefert war.

Ein Weihnachtsfest war besonders schlimm und brachte die Wende: Robert saß mit seinen Geschwistern, der Mutter und einer Freundin der Mutter sowie deren vier Kindern in ihrer kleinen Wohnung. Inzwischen war die Familie zwar umgezogen, doch auch die neue Wohnung war überladen, unaufgeräumt und stickig. Einen Weihnachtsbaum gab es nicht. Lag es am fehlenden Geld oder war es einfach nur die Nachlässigkeit und Trägheit der Mutter, sich aufzuraffen und einen zu kaufen, ihn nach Hause zu tragen und zu schmücken?

Acht Kinder und zwei Erwachsene saßen um den Tisch, die Stimmung war gereizt. Robert hatte sich so sehr ein Fahrrad gewünscht, er wollte mobiler sein. Doch weder von einem Fahrrad noch von anderen sinnvollen Geschenken war weit und breit etwas zu sehen. Es gab nur Süßigkeiten und süße Getränke in Hülle und Fülle. Die Kinder nörgelten, weinten und stritten, die kleineren tobten – auf siebzig Quadratmetern hatte man nicht viel Auslauf. „Robert, kümmere dich um die Kinder", rief seine Mutter dem Jungen zu. Robert saß still und geschockt da, enttäuscht über das misslungene Fest. Er kochte innerlich. Das Gefühl hatte er inzwischen häufiger, seine Wutanfälle konnten heftig sein. Immer wieder, wenn ihm etwas nicht passte, drehte er durch, ob er wollte oder nicht. Jetzt brodelte es schon richtig in ihm, ein Vulkan kurz vor dem

Ausbruch. Im Zimmer wurde es immer lauter. Jetzt hatten sich zwei der Kids auch noch eingenässt. „Robert, mach die beiden mal sauber", hörte er seine Mutter mitten im Chaos rufen. Die Worte erreichten ihn wie durch eine Nebelwand. Und in dieser Sekunde explodierte der Junge. Dieser letzte Satz war einfach zu viel. Er schrie und schrie, immer lauter, versteifte sich, sein ganzer Körper zuckte. Dann schlug er um sich, zwei Gläser fielen vom Tisch und eine Tüte Chips flog durchs Wohnzimmer.

Später konnte sich Robert an nichts erinnern. Diese Minuten waren in seinem Gedächtnis wie ausradiert. Robert hörte einfach nicht auf zu schreien. Die beiden Frauen wussten nicht, was sie tun sollten. Inzwischen war schon eine Viertelstunde vergangen. Sie schauten sich mit großen Augen an, bis die kleine Annika eine Idee hatte: „Wir rufen den Kindernotdienst und lassen Robert abholen." Die Freundin der Mutter sprang sofort auf, die Nummer kannte sie auswendig. Fünfzehn Minuten später stand die Polizei vor der Tür und nahm den um sich schlagenden Robert mit. Wie einen Schwerverbrecher führten zwei Beamte den Jungen aus der Wohnung. Da rief die Mutter: „Zwei von meinen anderen Kindern können Sie auch gleich mitnehmen!"

Der unfassbare Satz von Roberts Mutter stand im Raum. Die Polizisten schauten sie an, ob sie es wirklich ernst meinte. Ja, das tat sie. So etwas hatten auch die Beamten noch nicht gehört und das an Weihnachten. Noch am gleichen Abend wurden die vier Kinder in eine Kinderschutzeinrichtung gebracht. Nach einigen Wochen trennte man die Geschwister und brachte sie an unterschiedlichen Orten unter.

Robert ist inzwischen 17 und hat den Hauptschulabschluss geschafft. Er lebt noch heute in einer betreuten Wohngruppe. Zu seiner Mutter hat er – eigentlich unfassbar – ein gutes Verhältnis und besucht sie oft an den Wochenenden. Mit dem Umzug in die Wohngruppe musste er seine wenigen bisherigen Kontakte abbrechen, doch die Zwangstrennung war und ist auch heute noch für Robert eine ideale Lösung. Er lernte in der Gruppe so etwas wie ein Familienleben kennen, mit festen Regeln und Strukturen. In der Arche schaut er ab und an vorbei und erzählt, wie es ihm geht. Manchmal holt er sich auch Rat, denn natürlich gibt es auch in der Wohngruppe Konflikte. Gerade kürzlich gab es leider wieder heftige Spannungen, Robert war daran aber unschuldig.

Zusammen mit einer Arche-Mitarbeiterin, Roberts Mutter und einer Vertreterin des Trägers seiner Einrichtung gab es ein Gespräch mit dem Jugendamt in Berlin. Der Träger wollte Robert offenbar loswerden und warf ihm vor, er sei nicht selbstständig genug und würde sich zu wenig an den Haushaltspflichten in der Wohngruppe beteiligen. Kennt man Roberts Vorgeschichte als Versorger der Familie, ist man geneigt zu sagen, dass er ja auch schließlich schon viel zu viel Hausarbeit für sein junges Leben gemacht hat. Doch darum ging es natürlich nicht. Robert jedenfalls wollte keinen weiteren Wechsel, da er ohnehin nur noch ein Jahr bis zur Volljährigkeit und somit bis zum Auszug vor sich hatte. Im Gespräch blieb Robert sehr ruhig und ließ sich nicht durch die Mitarbeiterin des Trägers provozieren, was wir wirklich sehr bewunderten. „Welcher Junge ist mit 17 Jahren schon so selbstständig, dass er nicht nur gern, sondern auch von sich aus im Haushalt erledigt, was zu tun ist?" Eigentlich die wenigsten. In dieser Frage waren sich das Jugendamt, die Mutter und wir von der Arche einig. Und am Ende wurde die Sache zu Roberts Gunsten entschieden – er konnte in der Gruppe bleiben.

Derzeit helfen wir Robert bei der Suche nach einem Ausbildungsplatz. Seine Chancen stehen gar nicht so schlecht. Denn zum Glück gibt es immer mehr Unternehmer, die bereit sind, Jugendliche, die es in jungen Jahren nicht einfach hatten, aber jetzt bereit sind, sich zu engagieren, dabei zu unterstützen.

Robert ist heute viel ausgeglichener, freundlicher und ein fast immer optimistischer Mensch. Er lehnt Gewalt ab und sein letzter Wutanfall liegt schon zwei Jahre zurück. Ohne fremde Hilfe hätte er es sicherlich nicht so weit gebracht. Robert wird seinen Weg aufrecht weitergehen und wir werden ihn dabei nicht alleine lassen. Er weiß, dass er Freunde hat, die immer für ihn da sind.

☆ Kinderwünsche

Ich wünsche mir eine gute Schule:

☆ und dass meine Lehrerin mich auch mal fair behandelt.

☆ und dass unsere Klasse endlich normal wird.

☆ und dass mich niemand mobbt (die ganze Klasse mag mich nicht).

☆ und keinen Streit.

☆ und Freude beim Lernen.

☆ und nette Lehrer.

☆ und besseres Essen.

☆ und dass es für meine Schule genug Geld gibt, damit alles, was kaputt ist, endlich repariert werden kann.

☆ und gute Leistungen in Mathe.

☆ und dass ich meinen Hauptschulabschluss schaffe.

☆ dass ich auf ein Gymnasium wechseln und Abi machen kann.

☆ und einen guten Beruf.

Dass nicht immer alle sagen: „Du bist Ausländer, du wirst hier eh nix."

17.

Die Arche segelt in neuen Gewässern

Die Idee war kühn, aber plausibel: Wenn es so ist, dass Kinder und Jugendliche aus sozial schwachen Familien im gängigen Schulsystem nicht mitkommen, brauchen wir eine eigene Arche-Schule. Eine Schule, in der sie behütet und unter besonderer Beachtung ihrer finanziellen oder familiär bedingten Bürde lernen können.

Denn wir erleben es jeden Tag aufs Neue: Kaum eines der Kinder, die zu uns kommen, schafft es auf ein Gymnasium, geschweige denn bis zu einem Universitätsabschluss. Manche Kinder kommen schlicht aus so wirren und unstrukturierten Verhältnissen, dass sie der Schulalltag mit seinen Regeln und seinem Lernpensum einfach überfordert. Sie haben keinen Kindergarten besucht und sollen sich jetzt, mit sechs Jahren, erstmals in ein soziales Gefüge eingliedern – oft verstehen sie die Regeln überhaupt nicht, denn in ihren Familien haben sie nicht gelernt, wie man in einer Gemeinschaft friedlich miteinander umgeht. Oder sie rebellieren gegen die neuen Grenzen, die sie nicht nachvollziehen können.

Andere wiederum haben von zu Hause her ein derart großes Päckchen zu tragen – Gewalt, Krankheit, Alkohol, Armut –, dass sie fürs Lernen gar nicht den Kopf frei- haben.

In der Kölner Arche besuchte uns kürzlich ein sechsjähriger Junge, der bis auf „Mama" und „Papa" kein einziges Wort sprechen konnte. Medizinisch war der Junge vollkommen gesund, die Eltern sprachen einfach nahezu nie mit ihm. Ob er diesen Rückstand je wieder aufholen wird?

Oft ist es auch so, dass die Eltern der Arche-Kinder schon früh ihre Lebenslust und ihren Lebensmut verloren haben. Erst kommt die Arbeitslosigkeit, dann fehlt bald jegliche Perspektive. Oftmals haben solche Paare viele Kinder, leben in viel zu kleinen Wohnungen und sind in ihrem sozial schwachen Stadtteil wie gefangen. Sie kommen einfach nicht raus aus dem trostlosen Einerlei.

Vielleicht haben sie nie gelernt, für sich Träume oder Ansprüche zu haben, wie sollen sie dann den richtigen Blick für ihre Kinder entwickeln? Oft mangelt es am Vorstellungsvermögen oder dem intellektuellen Verständnis, ein Kind individuell und sinnvoll zu fördern – weder schulisch noch in Begabungen wie Sport oder Musik. Und selbst wenn, fehlt den Familien dann meist dazu das Geld. Ihre Kinder haben in der Regel kaum die Möglichkeit, im Verein Sport zu machen oder Nachhilfeunterricht zu nehmen, weil die Eltern es schlicht nicht bezahlen können. Und damit sind die Familien von einem normalen sozialen Leben ausgeschlossen. Für die Kinder bedeutet das häufig, dass sie dadurch auch den Kontakt zu anderen Kindern, die aus stabileren und etwas bessergestellten Familien stammen, verlieren und später ebenfalls nicht den Sprung hinaus in ein anderes Leben schaffen.

Gerade vor dem Hintergrund, dass das verkürzte Abitur den Leistungsdruck bis in die Grundschulen hinein erhöht, sieht die Realität so aus: Nach vier Jahren werden die meisten von unseren Arche-Kindern auf die Hauptschule geschickt. Mit einem Hauptschulabschluss – und manche schaffen nicht einmal den – ist ihnen später oft der Zugang zu einem attraktiven Ausbildungsplatz und damit einer guten beruflichen Perspektive verstellt. Die Plätze bekommen Abiturienten.

Die Initialzündung für das Arche-Schulprojekt gab es vor acht Jahren: Im Februar 2006 besuchte der damalige UN-Sonderberichterstatter für das Recht auf Bildung, Vernor Muñoz, die Arche. Er untersuchte auf einer zehntägigen Reise durch Deutschland das hiesige Bildungssystem. Was er in seinem Abschlussbericht kritisierte, war in seiner Klarheit schockierend. Das bundesdeutsche Schulsystem orientiert sich nicht am Potenzial der Kinder; sondern viele werden in der Grundschule einfach links liegen gelassen. Die Kinder aus den „normalen" Familien gehen in der Regel nach der vierten Klasse auf Realschulen und Gymnasien, die Kinder mit Migrationshintergrund oder die aus ärmeren Verhältnissen landen in den Hauptschulen. Muñoz erzählte mir bei unserer Begegnung, dass nach der Grundschulzeit 44 Prozent aller Kinder an falsche Schulen vermittelt würden, weil unser Bildungssystem auf dem Prinzip basiere, dass alle Schulen von einer bestimmten Zahl von Schülern besucht werden müssten. Wird das

Soll nicht erfüllt, müssten Schulen geschlossen werden. Dies soll durch eine entsprechende Verteilung verhindert werden. So kommen Schüler, die eigentlich auch für die Realschule infrage kämen, dann auf eine Hauptschule. Seine Worte rüttelten uns auf und wir machten uns daran, die Idee von einer Arche-Schule umzusetzen.

Der Gedanke dahinter: Die Arche-Schule ist offen für Kinder aus allen Schichten. Auf keinen Fall wollen wir eine Getto-Schule. Aber 60 Prozent der Plätze sind finanziell schlechter gestellten Familien vorbehalten, die besonders gefördert und durch Sozialfonds finanziert werden. Die Klassen sind mit maximal 20 Kindern möglichst klein und haben einen Lehrer sowie zusätzlich eine pädagogische Kraft. Hinzu kommen Nachhilfelehrer für die Kinder, die Unterstützung in einem bestimmten Fach brauchen. Wichtig ist uns aber zusätzlich auch die Vermittlung christlicher Werte. Das ist in Berlin nicht leicht – gerade im Ostteil der Stadt. Rund 90 Prozent der Arche-Kinder kommen aus Familien, in denen Glaube schon seit Generationen keine Rolle spielt. In Berlin wurde zudem vor einigen Jahren das Schulfach Religion abgeschafft und durch Werteunterricht ersetzt.

In unserer Schule sollen Kinder aus allen Schichten miteinander lernen und spielen. Eine Schule, in der Kinder mit ihren Unterschieden zu leben lernen, und vor allem: in der sie so angenommen werden, wie sie sind. Sie sollen nicht bestraft werden, weil sie anders aussehen oder anders sind.

Einen Partner für das Projekt fanden wir mit den Freien Evangelischen Schulen Berlins (FESB), die damals bereits zwei konfessionelle Grundschulen und eine Realschule in der Hauptstadt unterhielten. Clemens Volber, Geschäftsführer des FESB, war von Anfang an sehr verständnisvoll für die Sorgen von Deutschlands vergessenen Kindern.

Wir suchten ein Gebäude, nicht zu groß, nicht zu teuer und zentral gelegen musste es auch sein. Als wir endlich einen Standort in Hellersdorf gefunden, die Verhandlungen mit dem Bezirk beendet und das Gebäude instand gesetzt hatten, wurden mehrere Räume mit Brandsätzen verwüstet. Wir mussten sie erneut renovieren. Die zähe Gründungsphase führte dazu, dass viele Eltern, die ihre Kinder ursprünglich in die Arche-Schule schicken wollten, ihre Anmeldungen aus Sorge, die Schule werde doch nicht eröffnen, zurückzogen und sich stattdessen Plätze an einer städtischen Schule sicherten. Am Ende starteten wir im Schuljahr 2006/2007 mit zwölf Kindern, die in einer sogenannten *lernübergreifenden Gruppe* – also mit Schülern aus zwei Jahrgängen, den Klassen eins und zwei – von einer Lehrerin unterrichtet wurden.

Nach und nach konnten wir immer mehr Sponsoren überzeugen, wie wichtig es ist, eine solche Schule zu fördern – weil mangelnde Bildung von allen Faktoren, die dazu beitragen, Armut auszulösen, die größten Auswirkungen hat. Rund 64 Prozent aller Sozialhilfeempfänger haben keinen Schulabschluss oder sind Hauptschulabgänger. Wem es nicht gelingt, sich in frühen Jahren gut zu qualifizieren, der kann mit den heutigen Leistungsanforderungen in Wirtschaft und Gesellschaft auf Dauer nicht mithalten.

Doch Bildung hat eine weitaus größere Bedeutung als tägliche Wissensvermittlung. Es geht darum, das Vertrauen in die eigenen Fähigkeiten zu gewinnen, eine gewisse Anspruchshaltung an sich und sein Leben zu entwickeln, die zur Basis im Erwachsenenalter wird. Viele Eltern unserer Arche-Kinder haben kaum Selbstwertgefühl und -vertrauen, und genau das vermitteln sie ihren Kindern weiter. Wie oft hören wir von den Kids Sätze wie: „Ich kann nichts!" oder schlimmer noch: „Ich bin nichts!".

Unser Ansatz in den Arche-Häusern ist, den Kindern zunächst wieder Vertrauen in die eigene Person zu geben. Wir loben, wo es nur geht. Und immer wieder beobachten wir: Begreift ein Kind zum Beispiel, dass es eine einmalige Stimme hat, ziemlich gut Fußball spielt oder einfach nur ganz besonders schön zeichnen kann, dann traut es sich oft auch wieder mehr in der Schule zu. Es hat Spaß am Leben, wird mutiger. Deshalb hören wir nicht auf, unsere Kinder zu fördern, wo wir nur können.

Seit 2011 ist die Arche-Schule, die inzwischen Sabine-Ball-Grundschule heißt, staatlich anerkannt. Heute können wir 180 Kindern in den Klassenstufen eins bis sechs helfen, behütet und unter besonderer Beachtung ihrer finanziell oder familiär bedingten Bürde zu lernen.

So wichtig und sinnvoll diese Arbeit ist, so viel man davon ablesen kann: Es ist nur ein Tropfen auf den heißen Stein, denn in Deutschland wächst nach wie vor jedes vierte Kind als sogenannter *funktioneller Analphabet* auf. Diese Kinder liegen oft bereits, wenn sie in die Schule kommen, in ihrer Entwicklung hinter der ihrer Mitschüler um bis zu zwei Jahre zurück.

Sie haben starke Wissensdefizite, auch deshalb, weil sich ihre Eltern kaum mit ihnen beschäftigt haben. Stattdessen läuft der Fernseher in solchen Familien meist von morgens bis abends und die Kinder sind sich selbst überlassen. Die Eltern können ja nur das weitergeben, was sie selbst beherrschen, und das ist oft viel zu wenig. Wie sollen diese Kinder aus dem sogenannten *bildungsfernen Milieu* in der Schule die gleichen Leistungen erbringen wie die Kinder von Professoren, Lehrern und anderen Berufsgruppen aus der Bildungselite? Kinder, deren Eltern jeden Fortschritt des Nachwuchses intensiv begleiten, motivieren und loben und gegebenenfalls nachhelfen, sobald auch nur die kleinsten Defizite sichtbar werden. Die ihren Nachwuchs mit eigenem Wissen oder dem intellektuellen und finanziellen Vermögen, Hilfe zu organisieren, wo es nur geht, unterstützen.

Um wirklich effektiv helfen zu können, sind in der Arche-Schule nicht mehr als 20 Kinder in einer Klasse. Die Lehrer können so in besonderer Weise auf die Kinder eingehen. Wenn das Leistungsgefälle in einem neuen Jahrgang zu extrem ist, versuchen wir über zusätzliche Sponsoren, weitere Fachlehrer einzustellen. Doch unsere Auffassung von Bildung geht noch weiter. Dazu gehört auch, dass wir mit gut ausgebildetem Personal Sozialarbeit leisten, in die Familien gehen, nach Problemen forschen und fragen sowie helfend zur Seite stehen, um Kinder und Eltern zu stärken. Es wäre gut, wenn es mehr solcher Schulen gäbe – am besten in jeder größeren Stadt.

18.

„Ich will da raus!"

Glückszahlen sehen ganz bestimmt anders aus, aber wenn man Robin vorstellen will, sind es gerade die bestürzenden Eckdaten, mit denen sich das bisherige Leben des Jungen am eindrücklichsten beschreiben lässt. Er hat sechs Geschwister, einen Bruder und fünf Halbgeschwister, alles Jungs. Er war zwei Jahre alt, als er die Fäuste seines Vaters das erste Mal zu spüren bekam. Mit 16 Jahren saß er sechs Monate im Jugendgefängnis. Und er war 15 Jahre alt, als er das erste Mal in die Arche kam.

Robin wirkt auf den ersten Blick sehr sympathisch, sieht gut aus und kann äußerst charmant sein. Kaum vorstellbar, dass dieser junge Mann mir eine Geschichte zu erzählen hat, die mich fast umgehauen hätte.

Seitdem er die Hauptschule ohne Abschluss verlassen hat, hängt er, wie er selbst sagt, ab. Und das fast immer mit seinem besten Freund Julian. Hin und wieder ist auch Sarah mit dabei, ein 15-jähriges Mädchen. Immer wieder kommen Robin, Julian und Sarah auf krumme Gedanken, denn sie leiden an chronischem Geldmangel. Von ihren Eltern können sie nichts erwarten, die leben alle von „Transferleistungen".

Ein knappes Jahr vor unserem ersten Gespräch waren die drei Teenager in Berlin-Mitte und schauten sich in den Geschäften um. Kaufen konnten sie nichts, denn sie hatten alle kein Geld in der Tasche. Auch mit der Straßenbahn waren sie auf dem Hinweg schwarzgefahren. Sie sahen, während sie von Geschäft zu Geschäft schlenderten, Jugendliche ihres Alters, die mit einer Selbstverständlichkeit Geld ausgaben, von der sie nur träumen konnten. Auf die drei wirkten sie wie Millionäre. Robin, Julian und Sarah bestaunten die aufwendig dekorierten Waren, all den Glitzer, Pomp und Luxus in der Friedrichstraße und den Galeries Lafayette. Dann erfasste sie Neid – der ist so etwas wie die Religion der Mittelmäßigen geworden, das stellen wir bei unserer Arbeit immer wieder fest. Neid stärkt viele Menschen für einen kurzen Moment, holt sie aus ihrer Eintönigkeit heraus und macht es ihnen möglich, die eigene Gier nach diesen Kostbarkeiten in den Schaufenstern zu rechtfertigen.

Derart angestachelt, schmiedeten die drei Teenager einen bösen Plan: Robin und Julian kannten vom Hörensagen einen älteren Mann, von dem sie wussten, dass der auf minderjährige Mädchen stand. Sie stellten den Kontakt zu ihm her, was ohne große Probleme funktionierte, man kennt sich im Kiez und weiß, wen man fragen muss. Dann trafen sie sich wenige Stunden später auf einem Parkplatz im Zentrum von Berlin-Hellersdorf. Sie erzählten dem etwa sechzigjährigen Mann von Sarah und handelten aus, dass diese für 150 Euro mit ihm ins Bett gehen würde. Der Mann zahlte direkt in bar, dann riefen sie Sarah an und bestellten sie zum Treffpunkt. Als sie eintraf, sträubte sie sich allerdings gegen den Deal ihrer Freunde. Deshalb erhöhte der alte Mann das Angebot noch einmal um 50 Euro – jetzt schien alles klar zu sein. Fünfzig Euro wechselten den Besitzer. Doch dann rannte das Trio wie vorher verabredet los und lies den verdutzten Freier stehen. Das Geld verprassten sie noch am gleichen Tag.

Kurze Zeit später stand die Polizei in der Wohnung von Robins Mutter. Der alte Mann hatte die Kids wegen Betrugs angezeigt. Robin, der schon vorher viele Straftaten begangen hatte, wanderte als Haupttäter für ein halbes Jahr in den Jugendknast, das erste Mal übrigens. Sein Freund Julian musste Sozialstunden in der Arche leisten, Sarah wurde freigesprochen. Natürlich bekam auch der potenzielle Freier Ärger mit der Justiz. Wie dreist und dumm muss man sein, um sich bei einer solch krummen Tour auch noch im Recht zu wähnen und das Ganze bei der Polizei zu melden?

Robins Mutter hatte es mit keinem ihrer Partner lange ausgehalten. Keiner von ihnen stand in einem festen Arbeitsverhältnis und Geldsorgen zogen sich wie ein roter Faden durch das Leben der Frau. Robins leiblicher Vater war nur zwei Jahre mit der Mutter zusammen, trank jeden Tag und wurde immer wieder gewalttätig. Dennoch hat Robin bis heute Kontakt zu ihm, obwohl er inzwischen weit weg im Ruhrgebiet lebt und wieder verheiratet ist. Er trinkt und schlägt immer noch. Robins Halbbruder, der bis vor zwei Jahren mit dem Vater und dessen jetziger Frau zusammenleben musste, berichtete Robin von wahren Gewaltorgien, die in der kleinen Wohnung bei Dortmund stattfanden. Immer wieder schlug der Mann Frau und Sohn. Inzwischen lebt Robins Bruder in einer betreuten Wohngemeinschaft, macht eine Ausbildung zum Landschaftsgärtner und hat jeglichen Kontakt zu den Eltern abgebrochen. Das ist manchmal leider die einzige Möglichkeit für Kinder und Jugendliche, der schier endlosen Spirale aus Alkohol und Gewalt zu entkommen. Robin ist sehr stolz auf seinen Bruder, dass er es geschafft hat.

Für Robin war der Knast nicht heilsam. Er machte nach seiner Entlassung einfach weiter wie zuvor. Er warf sein Leben weg wie die Verpackung eines Burgers. Unzählige Male wurde er beim Schwarzfahren erwischt, nahm Drogen und dealte selbst damit, bis er wieder festgenommen wurde. Einmal bedrohte er sogar seine Ex-freundin mit einer Schreckschusspistole, sperrte sie ins Badezimmer ein und räumte dann ihre Wohnung aus. Natürlich zeigte sie Robin an, aber der schien ungerührt zu sein – was bedeutete schon ein Delikt mehr? Robin sammelte Vorstrafen wie andere Briefmarken oder Münzen.

Doch dann kam der Moment, in dem es bei ihm klick machte. Er saß im Arche-Büro, wo sein Kumpel Julian seit seinem Sozialdienst öfter war, und erzählte mir all diese haarsträubenden Geschichten. Geschichten, die auch für uns in der Arche nicht alltäglich waren und wie ein schlechter Krimi aus dem Vorabendprogramm eines privaten Senders klangen. Ich hörte ihm zu und versuchte, in meinem Kopf zusammenzubekommen, wie dieser nett aussehende Junge eine derart kriminelle Energie aufbringen konnte. Ich schaute ihn mit einer Mischung aus Traurigkeit und Ungläubigkeit an. Und ich versuchte, ihm das Gefühl zu geben, dass er bei uns willkommen war. Da stand er auf, umarmte mich und sagte: „Ich will da raus, ich kann nicht mehr, bitte helft mir." Das wollten wir gerne tun, aber mir war klar, dass wir nicht für alles in der Arche ein Rezept haben. Robin musste sich in erster Linie selbst helfen. Wir konnten ihm nur zur Seite stehen.

Drei Wochen später trafen wir uns wieder in meinem Büro in der Hellersdorfer Arche. Robin sah schlecht aus, seine Kleidung wirkte schmuddelig und er roch nach Schweiß. Er erzählte, dass er keinen festen Wohnsitz mehr habe, seit fast zwei Tagen hätte er schon nichts mehr gegessen. Auf meinem Besprechungstisch stand ein Korb mit Obst und ich bot ihm einen Apfel an, doch er lehnte ab und nahm stattdessen eine Banane: „Äpfel kann ich schon lange nicht mehr essen. Meine Zähne sind fast alle kaputt und faulen. Aber ich habe kein Geld für den Zahnarzt und ich bin nicht krankenversichert, was soll ich machen?"

Hier konnten wir ganz konkret helfen. Für die Arche ist auch ein Berliner Zahnarzt im Einsatz, der zwei große Praxen betreibt. An einen Arbeitstag im Monat behandelt er nur Kinder und Jugendliche aus den Archen – kostenlos.

Viele Eltern unserer Arche-Kids wissen nicht, wie man Zähne richtig pflegt. Entsprechend oft müssen die Kleinen wegen Parodontose und Löchern behandelt werden und haben natürlich Angst vor den Behandlungen, doch der Arzt spricht lange mit den Kindern und schafft es so Schritt für Schritt, dass sie locker werden.

Also schickten wir Robin erst einmal zu unserem Zahnarzt, der auch ihn ohne Honorar behandelte – und das, obwohl
es ein ähnlich langwieriges und kostenintensives Bauprojekt
wurde wie der neue Berliner Flughafen BER.

Noch schwieriger war es, einen Ausbildungsplatz für ihn zu
finden. Zum Glück arbeiten wir in Berlin mit Unternehmern
zusammen, die auch schwer zu vermittelnden Jugendlichen
eine Chance geben. Zusätzlich fanden wir eine Schule außerhalb Berlins, auf der Robin parallel zu seiner Ausbildung als
Maler einen Hauptschulabschluss machen kann. Bisher zeigt er
dort zwar noch mäßigen Erfolg, aber er hat eine Chance.

Mit der Hilfe unseres Streetworkers versuchen wir außerdem, für Robin Transferleistungen zu beantragen, was schwierig ist, da er nirgendwo gemeldet, geschweige denn versichert
ist. Nur bei der Polizei ist er bekannt wie ein bunter Hund.
Dennoch: Robin kann es schaffen, wenn er Menschen an seiner Seite hat, die ihm helfen. Für uns ist es eine Hoffnungsge-
schichte und wir sind sicher, dass es ihm über kurz oder lang
gelingen wird, seinem Lebenslauf noch positive Eckdaten hin-
zuzufügen.

19.

„Was willst du denn von mir, ey?!"

Er gab sich wirklich alle Mühe, rotzfrech zu sein. Als ich den kleinen dunkelhäutigen Jungen vor seinem Haus, in dem ich ein anderes Kind besuchen wollte, ansprach, schimpfte er: „Was willst du denn von mir, ey?!", und streckte mir die Zunge raus. Damit wäre unsere erste Begegnung unter normalen Umständen auch die letzte gewesen. Doch so schnell geben wir von der Arche nicht auf.

Rasul, damals sieben, kam aus Afghanistan. Ich stellte mich ihm vor und lud ihn ein, uns doch mal in der Arche besuchen zu kommen. Immer wieder gaben wir ihm in den nächsten Monaten Bescheid, wenn Camps, eine Kinderparty oder andere aufregende Veranstaltungen bevorstanden. Und irgendwann kam er tatsächlich. Doch er brauchte lange, bis er sich an den Umgangston bei uns und das Miteinander gewöhnte.

Immer wieder ging er zu weit, testete Grenzen aus, beleidigte andere und fiel auf. Immer wieder bekam er dann die „Rote Karte", musste also für den Rest des Tages nach Hause gehen. Immer wieder sagten wir ihm aber auch, dass er tags drauf wiederkommen und es noch einmal probieren könne. Die zentrale Botschaft, die wir ihm übermittelten, war: Du bist herzlich willkommen!

Wir versuchten, ihn sportlich herauszufordern, oft ist das für aufmüpfige Jungs wie Rasul der einfachste Zugang. Und es half tatsächlich. Außerdem standen wir ihm bei, als er Ärger in der Schule bekam, und sagten ihm immer wieder: „Wir mögen und achten dich. Du bist ein ganz einmaliger Junge." Dann reagierte er zwar meistens eher unwirsch und ablehnend, aber er kam weiterhin regelmäßig. Auch sein Bruder war inzwischen immer öfter bei uns und schließlich saß auch seine Mutter im Arche-Elterncafé. Sie fragte nach Sachspenden und wir hatten den Eindruck, dass diese Frau mit der Erziehung ihrer Kinder total überfordert war. Sie sprach sehr schlecht Deutsch und verstand auch von der Auffassungsgabe her wenig, schließlich war sie in ihrer Heimat gerade mal vier Jahre zur Schule gegangen.

Als sie erneut schwanger war, besuchten unsere Mitarbeiter sie regelmäßig und brachten nach und nach in Erfahrung, dass der drogen- und alkoholsüchtige Vater der drei Kinder nicht mehr wirklich zu Hause wohnte. Wie sollte die Frau all ihre Probleme angehen? Sie hatte in Hamburg keine wirklichen Freunde und war auf sich allein gestellt. Also halfen wir der Familie, beantragten die Unterstützung durch eine Sozialarbeiterin und eine Hebamme, die ihr in der ersten Zeit nach der Geburt der kleinen Tochter helfen sollte.

Rasul und sein Bruder sind oft bei uns, Rasul kümmert sich richtig fürsorglich um den kleineren. Auch sehen wir ihn häufig in unserem Kiez umherziehen, wenn er Besorgungen für die Familie macht. Dann schaut er auch oft in der Arche vorbei und fragt nach ganz konkreter Hilfe. Aber auch für echte Jungenaktivitäten wie zum Beispiel das Jugend-Baucamp bleibt Zeit: Keine Spur mehr von Beleidigungen und respektlosem Gehabe. Auf diese positive Entwicklung sind wir sehr stolz.

Uns zeigen Geschichten wie diese immer wieder, wie wichtig verlässliche Bezugspersonen, die Unterstützung durch liebende Menschen und damit die Arbeit der Arche sind. Immer wieder hat Rasuls Familie in den vergangenen Jahren in der Arche angedockt und wir konnten hier und da helfen, sie unterstützen und einfach für sie da sein. Wir glauben, dass es ganz wichtig ist, auch den allerfrechsten Kindern erst einmal offen und mit Wärme zu begegnen. Freundlich behandelt zu werden, hat Rasul verändert. Wenn er anfangs nach einem frustrierenden Tag in der Schule und der Konfrontation mit dem Desinteresse zu Hause in die Arche kam, war es ganz sicher heilsam für ihn, dass jemand auf ihn zulief und sagte: „Schön, dass du da bist!"

☆ Kinderwünsche

Ich wünsche mir:

☆ dass man sich nicht prügelt.

☆ dass sich der Zustand der Welt und der Menschen ändert.

☆ dass alles weniger grausam wird.

☆ dass es keinen Krieg mehr gibt und dass Länder sich anfreunden.

☆ Gerechtigkeit für Kinder.

☆ dass jeder Mensch gleich behandelt wird und kein Baby verhungern muss.

☆ dass Kinder besser leben können, gute Familien haben und Essen.

☆ dass meine Verwandten aus der Türkei heil in Deutschland ankommen und mein Onkel vor der türkischen Mafia geschützt wird.

☆ ein Magier zu sein, um mich unsichtbar zu zaubern.

20.

Etwas Besseres als den Tod findest du überall

Es ist nicht immer leicht zu sagen, warum Menschen abgerutscht sind. Warum sie aus ihrem Leben nicht das machen konnten, was sie sich vielleicht mal erträumt haben. Oft ist es ein Knäuel an unguten Erlebnissen und falschen Entscheidungen, die man nachträglich gar nicht mehr entwirren kann. Manchmal ist es aber auch so, dass ganz klar ist: Hier ist ein Mensch in eine Notlage geraten, obwohl er überhaupt nichts da-für kann. So, wie es Henry erlebt hat. Doch zum Glück hat sich für ihn alles zum Guten gewendet.

Die Sonne scheint durch die Vorhänge. Henry macht die Augen auf, blinzelt verschlafen und dreht sich noch mal auf die Seite. Die Englischarbeit, die heute ansteht, fällt dem 16-Jährigen wieder ein. Und leider auch die Pleite von gestern: Das schönste Mädchen aus seiner Klasse hat ihn abblitzen lassen. Schon eine Weile hatte er dieses komische Ziehen in seinem Bauch, wann immer er das fünfzehnjährige blonde Mädchen sah. Gestern hat er endlich all seinen Mut zusammengenommen und sie angesprochen, doch sie wollte nichts von ihm wissen. Dummerweise standen zwei seiner Kumpels in der Nähe und bekamen diese verunglückte Szene live mit. So etwas Peinliches war ihm noch nie passiert. Henry fand, dass er ganz passabel aussah, vor allem mit seinem neuen Piercing an der Unterlippe. Und vor einigen Wochen war er außerdem zum ersten Mal bei einem Tätowierer. Den hatte ihm sein vier Jahre älterer Bruder empfohlen, der inzwischen so bunt aussah wie eine Litfaßsäule. Sein Bruder, zu dem sich die Niederlage von gestern auch gleich rumgesprochen hatte, meinte nur nüchtern: „Trauer lässt die Seele reifen."

Henry streckt sich und springt aus dem Bett. Er öffnet sein Fenster und schaut hinaus. Die Morgensonne wirft lange Schatten in den Hof hinter dem Hochhaus einer Berliner Plattenbausiedlung. Nach zehn Minuten im Bad steht er frisch geduscht und angezogen in der Küche der kleinen Wohnung, die er mit Bruder und Mutter bewohnt – drei Zimmer, Küche, Bad, nicht riesig, aber es reicht. Seine Mutter arbeitet als Verkäuferin in einem Kaufhaus in Berlin-Mitte. Henry setzt sich an den Frühstückstisch und holt sein Englischbuch aus dem Rucksack, um noch einmal den Stoff für die Arbeit durchzugehen. Seine Mutter sagt: „Mit leerem Magen kann man nicht studieren, das wusste schon Karl Marx", und Henry juxt zurück: „Muss man den kennen?"

Das „Hotel Mama" funktioniert perfekt. Vermutlich ist das auch der Grund, warum Henrys Bruder noch zu Hause wohnt, obwohl er bereits studiert. Hin und wieder schläft er zwar bei seiner Freundin, aber dort läuft der „Room Service" nicht so reibungslos wie bei Mama. Die kann ihre Arbeitszeit so legen, dass sie den Jungs am Morgen noch Frühstück und am Abend ein warmes Essen machen kann, da ihr Chef sehr familienfreundlich ist.

Schließlich fährt Henry im Aufzug die neun Stockwerke hinunter. Die Sonnenstrahlen spiegeln sich auf dem nassen Asphalt und in den Löchern der sanierungsreifen Straße wider, in denen das nächtliche Regenwasser kleine Pfützen gebildet hat. Plötzlich durchströmt Henry ein Glücksgefühl: Irgendwie hat es die kleine Familie geschafft. Sie schwimmen zwar nicht im Geld, kommen aber gut über die Runden. Gegen all das, was sie bislang durchgemacht haben, war die rüde Abfuhr von gestern doch höchstens eine kleine Fußnote. Vielleicht peinlich, aber ganz gewiss nicht dramatisch.

Hätte man Henrys Mutter drei Jahre zuvor diese morgendliche Szene beschrieben, sie hätte vermutlich nicht geglaubt, dass das Leben mit ihren Jungs noch einmal so idyllisch werden könnte. Damals stand sie an einem klirrend kalten Wintertag mit ihren beiden Söhnen, 17 und 13, in einer unserer Berliner Archen. Sie hatte den Kragen hochgeschlagen und die Hände tief in den Taschen ihres Mantels vergraben – ihre ganze Körperhaltung wirkte wie die einer Schildkröte, die sich vor den auf sie einstürzenden Erlebnissen und Empfindungen in ihren Panzer zurückzieht, um sich zu schützen. Während sie uns ihre Geschichte erzählte, schloss sie immer wieder für einige Momente die Augen. So heftig waren die Gefühle, so tief die Scham. Henry und sein Bruder saßen die ganze Zeit stumm neben ihr.

Was war passiert? Die Familie lebte damals in einer Wohnung am Stadtrand von Bremen. Der Vater arbeitete in einer kleinen Druckerei, die Mutter steuerte durch die Arbeit in der dazugehörigen Buchbinderei ihren Teil zum Familieneinkommen bei und hatte noch genügend Zeit, sich um ihre Jungs zu kümmern. Die Liebe zwischen den beiden Eheleuten war verraucht, aber sie arrangierten sich miteinander. Schließlich reichte das Geld für ein gutes Leben, die Kinder kamen auf dem Gymnasium gut mit, was wollten sie mehr? Doch dann kam der Vater immer häufiger erst spätnachts nach Hause, fast immer betrunken. „Das geht sicher irgendwann wieder vorbei", hoffte seine Frau mehr, als dass sie es glaubte. Eines Tages klingelte er sie nachts wach. Es war drei Uhr morgens und er stand betrunken vor der Wohnungstür. Und zwar nicht allein, sondern mit einer ziemlich heruntergekommenen Frau im Arm. Grußlos stürmten die beiden in die Wohnung, weiter ins Schlafzimmer und aufs Bett. Sie zogen sich die Kleider vom Leib und fielen übereinander her.

„Es war einfach nur widerwärtig und ekelhaft", schluchzte seine Frau, als sie uns einige Tage später in Berlin diese Geschichte erzählte.

Auch die Jungs waren in jener Nacht wach geworden und standen ungläubig im Flur. Die Mutter schlug die Schlafzimmertür zu, doch die vulgären Geräusche drangen bis in den Flur. Sie schnappte die Söhne und kauerte sich mit ihnen aufs Wohnzimmersofa unter die Decke, die sie schon als Kind liebte. Die erinnerte sie an eine ganz und gar unschuldige Zeit und tröstete sie ein wenig. Schließlich löste sie sich aus der Starre, ging mit ihren Jungs in die Küche und machte Tee. Zu dritt saßen sie am Esstisch, fröstelnd, schockiert, allein – und sicher, dass ihr gemeinsames Familienleben ab diesem Moment für immer vorbei war. Den Impuls, sofort ihre Koffer zu packen und abzuhauen, musste die Mutter unterdrücken, denn all ihre Sachen waren im Schlafzimmer. Sie schickte die Jungs zurück ins Bett, versuchte eine Freundin anzurufen, doch die ging nicht ans Handy. Es war ja mitten in der Nacht. Als die Freundin am frühen Morgen zurückrief, ließ sie das Telefon lange läuten. Sie traute sich plötzlich nicht, mit jemandem zu reden, denn dann hätte sie das Ungeheuerliche, was passiert war, aussprechen müssen. Und sie schämte sich so sehr.

Schließlich torkelten ihr Mann und seine Geliebte in die Küche und wollten ein Frühstück: „Meine neue Liebe wohnt jetzt hier, du kannst im Wohnzimmer pennen", sagte ihr Mann. „Und jetzt mach uns was zu essen."

Seine Frau blieb reglos stehen und starrte ihn ungläubig an. Und dann schlug er zu. Wie ein Geschoss traf die Faust ihr Gesicht. Die Jungs, die in ihren Betten kaum ein Auge zugetan hatten, rannten in die Küche. Jetzt löste sich die Mutter aus ihrer Blockade, schrie ihren Mann an, weinte und trommelte mit den Fäusten auf ihn ein. „Mama, was machst du da, lass uns verschwinden." Die Jungs fanden als Erste in die Realität zurück. „Komm, wir packen."

Eine Stunde später verließen die drei ihre Wohnung – für immer. Einen Tag konnten sie bei einer Arbeitskollegin der Mutter überbrücken, dann setzten sie sich in den Zug nach Berlin, wo die Schwester der Mutter lebt. Und so kamen sie zu uns in die Arche.

Wir gingen mit ihr zu den Behörden, halfen bei der Wohnungs- und Arbeitssuche, meldeten die Kinder auf einer guten Schule an und halfen den dreien in der Anfangszeit vor allem bei all den Anlaufschwierigkeiten, die es braucht, bis sich so etwas wie ein Familienalltag wieder eingespielt hat. Immerhin: Über einen Unternehmer, der sich sehr stark für die Arche engagiert, fand die Mutter relativ schnell auch einen neuen, sehr fair bezahlten Job.

Inzwischen ist der große Sohn an der Kunsthochschule. Henry will nach dem Abitur Sozialpädagogik studieren und dann in einer Arche arbeiten. Er ist uns allen sehr ans Herz gewachsen und fast jeden Tag hier. Wir freuen uns, dass er immer noch zu uns kommt, auch wenn er längst nicht mehr in Not ist.

Von ihrem Vater haben Henry und sein Bruder bis heute nie wieder etwas gehört. Er zahlt weder Unterhalt, noch hält er Kontakt zu den Kindern. In der Druckerei wurde ihm gekündigt, das hat die Mutter inzwischen in Erfahrung gebracht. Aber was sonst aus ihm geworden ist, weiß niemand.

21.

Zettel statt Geschenke

Richtige Väter sind Mangelware bei unseren Arche-Kids. Wenn sie nicht von der Mutter getrennt leben, tyrannisieren sie ihre Familien mit Gewalt, Geschrei oder Alkoholexzessen, von ganz wenigen Ausnahmen abgesehen. Vielleicht ist das der Grund, weshalb sich unsere kleinen Besucher oft regelrecht auf mich stürzen und kurz bei mir im Büro vorbeischauen, bevor sie zum Essen oder spielen gehen. Sie versuchen, ein wenig von der Leere aufzufüllen, die der fehlende, liebende und beschützende Vater in ihrem Leben hinterlassen hat.

Lea war so ein Mädchen, das jeden Mittag leise an meine Tür klopfte. Eine Freundin hatte sie mitgebracht. Die Achtjährige gewöhnte sich bald darauf an, nach der Schule erst mal bei mir vorbeizuschauen und mir einen guten Tag zu wünschen. Dann hüpfte sie gut gelaunt in mein Büro und fragte: „Wie geht es dir heute, Bernd?", doch die schwarzen Ringe unter den Augen ließen sie müde und traurig aussehen. Von zu Hause erzählte sie anfangs wenig, lieber wollte sie wissen, worum ich mich vormittags gekümmert hatte.

Man konnte Lea förmlich beim Aufblühen zusehen, selbst ihre Freundin wunderte sich, wie lebenslustig sie auf einmal war. Schon nach zwei Wochen kam es mir vor, als sei Lea seit Monaten bei uns.

Viele unserer Besucher vertrauen sich schnell den ihnen anfangs fremden Erwachsenen an, denn ihre Beziehungswelt ist sehr schnelllebig. Oft leben die Eltern getrennt und die restlichen verwandtschaftlichen Beziehungen, etwa zu den Großeltern, sind gestört; neue Partner leben für ein paar Monate an der Seite der Mutter – beständige Beziehungen kennen viele kaum und wissen deshalb nicht, ob eine neue Bekanntschaft von Dauer ist. Das ist vermutlich der Grund, weshalb sie sich mit ihrer ganzen Persönlichkeit in die ersten Momente einer Begegnung werfen.

Lea erzählte, dass sie nicht so gern zur Schule ging, weil es so anstrengend war, immer zuhören zu müssen. Wir vermuteten, dass ihr zu Hause noch nie jemand etwas vorgelesen hatte. Stattdessen hing sie viel zu viel Zeit vor dem Fernseher, der in ihrem eigenen Zimmer stand, und niemand kontrollierte, wie lange sie in die Flimmerkiste schaute – und vor allem, was sie schaute. Lea sehnte sich nach jemandem, der ihr zuhörte und sich mit ihr beschäftigte, so schien es mir.

Dienstags ist in der Hellersdorfer Arche Kinderparty angesagt, der am besten besuchte Programmpunkt der Woche. Wir machen Wett- und Geschicklichkeitsspiele, singen, tanzen und die Kids dürfen mal so richtig laut sein. Sie entscheiden, welche

Lieder wir singen, welche Spiele wir spielen und tragen als Sänger, Mannschaftsführer, Spielehelfer oder Getränkeverteiler dazu bei, dass das Programm rund läuft. Für sie hat diese Party einen hohen Fun-Faktor, für uns geht es auch darum, ihnen Strukturen, soziale Kompetenz und ein bisschen Verantwortung beizubringen.

Als Lea das erste Mal bei einer solchen Party mitmachte, war sie mit Feuereifer dabei, versuchte bei den Bewegungsliedern so gut wie möglich mitzutanzen und meldete sich bei jedem Spiel, weil sie unbedingt mitmachen wollte. Für sie war diese Party ein Reigen an spektakulären Highlights und sie wirkte total begierig, alles mitzunehmen, was geboten wurde. Mir wurde klar, dass Lea noch nicht viele Dinge in ihrem Leben gemacht hatte, die sie derart beflügelten. Und dass es bisher auch noch niemanden gegeben hatte, der ihr etwas zutraute. Die Beachtung, die sie in der Arche bekam, schien sie jedenfalls wie ein Schwamm aufzusaugen. Als ich eine Geschichte von einem kleinen Jungen erzählte, der nicht verurteilt wird, als seine Geheimnisse entdeckt werden, bekam sie den Mund gar nicht mehr zu. Schließlich gab es die Abschlusstombola, ich zog die Gewinner und kurz danach war Lea verschwunden. Sie tauchte auch beim gemeinsamen Abendessen nicht auf, sodass ich davon ausging, dass sie nach Hause gegangen war.

Als ich jedoch später durchs Treppenhaus lief, hörte ich ein leises Wimmern aus dem Keller. Zuerst dachte ich, eine kleine Katze hätte sich in unser Haus verirrt, doch dann sah ich Lea zusammengekauert unter der Treppe sitzen. „Lea was ist denn los?", fragte ich und ging mit offenen Armen auf sie zu. „Geh weg, ich hab Angst vor dir", rief sie laut und die Tränen rollten über ihre Wangen. „Warum hast du denn Angst vor mir, was habe ich denn gemacht?", sagte ich und ihre Antwort erschütterte mich: „Du liebst mich gar nicht mehr!" Das sonst so stille Mädchen war plötzlich regelrecht bestimmend und wütend: „Sonst hätte ich ja wohl ein Geschenk bekommen!"

Auf diese Weise erfuhr ich, dass Lea Liebe mit einem Geschenk gleichsetzte, einfach, weil sie es von ihrer Mutter nicht anders kannte. Sie wurde fast nie in den Arm genommen oder durfte mal eine Weile bei ihrer Mutter auf dem Schoß sitzen. Ab und an bekam sie eine Überraschung und dann fühlte sie sich gut und geliebt. Und somit hatte sie heute aus der Tatsache, dass sie bei der Verlosung kein Geschenk bekam – schlichtweg, weil ihr Name nicht gezogen wurde –, geschlossen, dass ich sie nicht mochte.

In solchen Momenten bin ich immer wieder bis ins Mark erschüttert, auch wenn ich seit vielen Jahren mit ergreifenden Schicksalen konfrontiert worden bin. Wie viele Kinder erleben wohl das Gleiche wie Lea? Sie kennen keine andere Wirklichkeit als das unwirsche, destruktive und oft brutale Miteinander ihrer Familien. Das ist der Grund, warum mein Büro jeden Tag voll ist mit Kindern, die einfach persönliche Ansprache brauchen oder kurz in den Arm genommen werden wollen.

Zögerlich versuchte ich der Achtjährigen zu erklären, dass echte Liebe eine Herzenseinstellung ist. Dass man Liebe nicht kaufen kann und dass Geschenke Liebe nicht ersetzten können. Einige Minuten war es still und wir saßen einfach beieinander. Lea beruhigte sich und hörte auf zu weinen. Man merkte, dass es in ihr arbeitete: „Willst du mir sagen, dass du mich gern hast, auch wenn ich kein Geschenk bekomme? Und dass du mich auch magst, wenn ich mal etwas Falsches gemacht habe?", fragte sie mit weit aufgerissenen Augen. Ich antwortete: „Ja Lea, ich mag dich, so wie du bist, und so liebt dich auch der unsichtbare Gott, an den ich glaube!" Da ging ein Leuchten durch das sonst so traurige Mädchen, Lea wischte sich mit dem Ärmel ihres Pullovers das Gesicht ab, sprang auf und schaut mich mit verheulten, aber weit aufgerissenen Augen an. „Danke Bernd, du bist toll!"

Ab jetzt war das Eis zwischen uns endgültig gebrochen und Lea erzählte immer wieder auch von zu Hause, von ihren Geschwistern und von der Mutter, die oftmals die Geduld verlor. Häufig musste es Lea ausbaden, wenn die kleineren etwas verbockt hatten, und sie hörte dann Sätze wie: „Aus dir wird nie etwas! Ich hätte dich abtreiben sollen!"

Einmal erzählte Lea, dass sie von zu Hause weggerannt sei, weil sie die Schreierei nicht mehr ertragen konnte. Die Mutter fand sie und drohte, sie ins Heim zu stecken, wenn sie sich nicht mehr um den Haushalt und die kleinen Geschwister kümmern würde. Arche-Verbot gab es auch. Wir kontaktieren das Jugendamt und erfuhren, dass es bereits im Kontakt mit der Familie stand, weil Leas älterer Bruder vor einigen Jahren bereits in ein Kinderheim geschickt wurde. Damals wurde zwar kurzzeitig auch eine Familienhilfe eingesetzt, aber in solchen Phasen hatte sich die Frau offenbar unter Kontrolle und spielte vor anderen die zugewandte Mutter. Lea fühlte sich oft einsam, überflüssig, hilflos und vor allem abends zu Hause allein. Immer wieder sprach sie über Selbstmordgedanken.

Also versuchten wir, sie systematisch zu stützen und aufzubauen. Eine unserer Praktikantinnen schenkte Lea eine Bibel.
„Das ist das Neue Testament mit Geschichten von Jesus, der
jeden Menschen liebt, egal woher er kommt oder was er erlebt hat", sagte sie zu Lea, als sie ihr das Buch überreichte. Lea
konnte zwar noch nicht richtig gut lesen, aber sie kam sofort zu
mir: „Ich verstecke das Buch unter meinem Bett, damit Mama
es nicht findet. Sie nimmt es mir sonst weg, weil sie es nicht
mag, wenn ich über die Arche rede oder etwas von dort mit-
bringe."

Tatsächlich las sie ab diesem Tag regelmäßig in ihrem ge-
heimen Schatz. Vieles brachte sie durcheinander, immer wieder hatte sie Fragen – aber dann gab es jemanden bei uns, der
es ihr erklärte. In dieser Zeit steckte das Team Lea auch immer
wieder kleine Zettel zu, auf denen Sätze standen wie: „Lea, du
bist etwas ganz Besonderes!", „Du wirst geliebt!", „Du bist wertvoll!", „Du bist einzigartig!", „Du bist liebevoll!". Sie liebte diese
Zettel und die aufmunternden Worte und legte sie zu Hause in
ihre Bibel. „Immer wenn ich allein oder traurig bin, dann hole
ich diese Zettel raus", erzählte sie einmal.

Wir beobachteten, dass Lea langsam selbstsicherer wurde
und nicht mehr über Selbstmord sprach. Sie nahm die hilfs-
bereite, höfliche Umgangsform unserer Erzieher für sich an,
führte Besucher gern herum und erklärte jeden Raum, als hätte
sie selbst die Arche gegründet. Auch in der Schule verbesserten
sich Leas Noten.

Dann, eines Tages – Lea war inzwischen elf Jahre alt –, war
sie plötzlich verschwunden. Eine ganze Woche hörten wir
nichts von ihr. Sie war weder in der Schule noch auf dem nahe

gelegenen Spielplatz, wo sie sonst ihre Wochenenden verbrachte, noch in der Arche. Also riefen wir bei der Mutter an, die forsch und frech antwortete: „Lea ist krank, und wenn sie wieder gesund ist, hat sie mindestens eine Woche Arche-Verbot." Dann knallte sie den Hörer auf.

Als Lea zwei Wochen später wieder zu uns kam, war ihr erster Gang nicht in mein Büro, sondern in den Speiseraum. Sie setzte sich an einen leeren Tisch, stocherte im Essen herum und wollte niemanden an ihrer Seite haben. Erst danach kam sie in mein Büro, nicht fröhlich wie sonst, sondern regelrecht förmlich: „Bernd, darf ich dich mal sprechen?" Sie setzte sich auf einen Stuhl auf der anderen Seite des Schreibtisches, aber darauf hielt es sie nicht lange. Schluchzend lief sie zu mir, klammerte sich an meinen Hals und hielt mich minutenlang fest, ohne ein Wort zu sagen. Ich schwieg und wartete, bis sie so weit war, reden zu können. „Mama hat mein Zimmer aufgeräumt und die Bibel mit den Zetteln gefunden"; sagte sie unter Tränen. „Als ich aus der Schule kam, hatte sie alles auf dem Küchentisch ausgebreitet und mir gesagt, dass die Arche-Leute Lügner seien. Ich sei nichts wert, nicht mal den Dreck unter den Fingernägeln. Aus mir werde nie etwas und ich sei wie mein Vater, nämlich zu nichts zu gebrauchen!" Lea war nicht nur verstört, sie war regelrecht zerstört und zerbrochen und wusste gar nicht mehr, wem sie glauben sollte: „Ich will in die Arche ziehen, ich will immer bei euch sein." Einen Moment lang schwieg sie. „Als Mama mir das gesagt hatte, habe ich eine Woche lang Bauchschmerzen gehabt. Ich lag im Bett und war krank!"

Aber wirklich gesund war Lea auch jetzt nicht und wir mussten auf diesen offenkundigen seelischen Missbrauch reagieren.

Wieder wendeten wir uns ans Jugendamt, das erneut eine Familienbetreuerin einsetzte, dieses Mal allerdings eine mit Schneid. Sie begleitete Lea auch in die Arche, sodass wir uns kennenlernen und austauschen konnten.

Lea ist inzwischen in einen anderen Berliner Bezirk gezogen, doch das Jugendamt kümmert sich nach wie vor intensiv um die Familie. Das Mädchen, mittlerweile ein Teenager, ist innerlich gewachsen und selbstbewusster. Hin und wieder besucht sie uns noch und wir halten über Facebook Kontakt. Ich weiß, dass sie sich meldet, wenn sie unsere Unterstützung braucht. So wie neulich, da schrieb sie: „Bernd, bist du on? Antworte bitte schnell!" Sosehr ich dann im ersten Moment bange bin, ob etwas Schlimmes passiert ist, so froh bin ich aber auch, dass sie ihr Vertrauen in uns nicht verloren hat und weiß, bei wem sie sich Hilfe holen kann.

☆ Kinderwünsche

Ich wünsche mir:

☆ dass ich eine bessere Zukunft habe.

☆ dass die Erwachsenen nicht immer so
  unfreundlich zu Kindern sind.

☆ dass mich alle so respektieren, wie ich bin.

☆ dass ich viel dünner werde.

☆ dass ich fliegen kann.

☆ am Ende meines Lebens etwas bewirkt
  zu haben.

22.

Der Tag, an dem Mutter auszog

Ich bin immer wieder erstaunt, an was sich manche Menschen so alles erinnern. Sie können noch zahllose Ereignisse aus dem Kindergarten erzählen, sogar aus den Jahren davor. Manche erinnern sich sogar noch an Szenen, die sie im Kinderbettchen erlebt haben.

Bei mir ist aus dieser Zeit nichts hängen geblieben. Zumindest fast nichts. Ich erinnere mich nicht an die Tapete über meinem Gitterbett, nicht an Küsschen verteilende Tanten, nicht an den Verlust des ersten Zahns. Das Geflecht meiner Erinnerungen hat an dieser Stelle ein gewaltiges Loch.

Geboren bin ich 1964 auf St. Pauli in Hamburg. Damals war die Welt meiner kleinen Familie noch einigermaßen in Ordnung. 1964 war das Jahr, in dem Cliff Richard seinen Hit „Rote Lippen soll man küssen" sang und der Schauspieler Paul Newman einen Oscar bekam. In Amerika ereignete sich das bis dahin stärkste Erdbeben, das als Karfreitagsbeben in die Geschichte einging; Lyndon B. Johnson war zu diesem Zeitpunkt bereits ein Jahr amerikanischer Präsident.

Wie gesagt, ich habe keine Erinnerungen an meine früheste Kinderzeit. Was ich weiß, weiß ich aus Erzählungen. Mit knapp zwei Wochen wurde ich getauft. In den Kindergarten ging ich nicht – genau wie mein eineinhalb Jahre älterer Bruder. Mehr Informationen habe ich nicht über meine ersten Lebensjahre.

Das Erste, woran ich mich wirklich erinnere, ist ein Umzug. Für eine kurze Zeit verließen wir St. Pauli und zogen in einen kleinen Ort in Niedersachsen, aber nicht weit von Hamburg entfernt, wo sich mein Vater eine kleine Zoohandlung aufgebaut hatte. Allerdings stand nicht er im Laden, sondern meine Großmutter. Er selbst blieb in Hamburg und verdiente zusätzliches Geld, das wir dringend zum Leben brauchten. Auch meine Mutter hatte einen Nebenjob. Sie verdingte sich als Fleischverkäuferin in einer Metzgerei in der Nachbarschaft. So blieben meine Großmutter, mein Bruder und ich in der kleinen Ladenwohnung und dem Geschäft. Ich erinnere mich daran, dass der Laden ein riesengroßes Schaufenster zur Hauptstraße hin hatte. Meine Großmutter und ich saßen hin und wieder an diesem Fenster und veranstalteten miteinander ein Spiel. Jeder gab einen Tipp ab, welche Farbe wohl das nächste Auto haben würde, das am Fenster vorbeifuhr.

Dies sind also meine ersten Kindheitserinnerungen – und dann kommt lange Zeit praktisch gar nichts. Auch von meinen ersten Schultagen weiß ich nichts mehr. Es gibt keine Fotos aus dieser Zeit. Ich muss wohl ein ganz passabler Schüler gewesen sein; mit meinen Leistungen waren jedenfalls alle zufrieden. Aber einzelne Begebenheiten aus dem Schulalltag, an die ich mich erinnere? Fehlanzeige.

Ein Tag aus meiner Kindheit wird mir allerdings wohl ewig ins Gedächtnis gebrannt sein. Es war der schlimmste Tag meines damals noch jungen und ganz glücklichen Lebens – und es sollte der schlimmste bleiben. Meine Mutter war in jener Zeit eher selten zu Hause. Es musste immer wieder Krach mit meinem Vater und seiner Familie gegeben haben, von dem ich damals aber nichts mitbekommen habe. Es regnete an diesem Tag, die Wolken hingen schwarz und schwer über unserer Straße. Ich kam alleine nach Hause. Wo ich herkam, weiß ich nicht mehr. Mein Bruder und meine Oma, die bei uns wohnte, waren nicht da. Dann diese Szene wie aus einem rührseligen DEFA-Film: Meine Mutter hatte ihre Sachen gepackt, und nun stand sie in einer dicken Jacke vor mir, in jeder Hand einen Koffer.

„Wo willst du hin?", fragte ich sie mit großen, ängstlichen Augen. Dass hier Unheil drohte, hatte ich sofort erspürt. Sie antwortete sehr direkt und offenbar tief verletzt von dem, was hinter ihr lag: „Ich verlasse euch, ich gehe weg!"

Was für ein Schock!

Da stand ich Zwerg mit meinen sechs oder sieben Jahren in unserer kleinen Küche und die Tränen schossen mir in die Augen. Meine Mutter ging an mir vorbei durch die geöffnete Tür und zog sie hinter sich ins Schloss.

Ich blieb allein zurück. Buchstäblich mutterseelenallein. Und ich heulte Rotz und Wasser. Ich schrie, schrie, schrie mir meine verwundete Seele aus dem Leib. Aber keiner hörte es. Keiner kümmerte sich um mich, keiner nahm mich in den Arm, keiner tröstete mich.

Ein furchtbarer Moment in meinem bis dahin eher behüteten Leben. Instinktiv spürte ich schon als kleines Kind, dass dies nun bitterer Ernst war und dass sie wohl nie mehr zurückkommen würde. Ich hatte meine Mutter verloren – und wusste nicht einmal, warum.

Sie zog zu ihrem Lebensgefährten, die beiden heirateten später auch und bekamen ein gemeinsames Kind. Sie sind heute übrigens immer noch zusammen.

Was für mich in Kindertagen unendlich grausam war, stellt sich für mich heute in einem milderen Licht dar. So hart es mich damals auch erwischte, so kann ich meine Mutter doch inzwischen verstehen. Sie wollte ausbrechen aus einem Leben, unter dem sie litt, und aufbrechen zu etwas Neuem, etwas Besserem. Das versprach sie sich von ihrer Flucht. Meine Eltern hatten sich kennengelernt, als sie noch sehr jung waren. Schnell wurde meine Mutter mit meinem Bruder schwanger. Das war Anfang der 60er-Jahre in Hamburg nicht ganz einfach. Die Leute guckten – und redeten. Also „mussten" meine Eltern heiraten, obwohl sie sich kaum kannten. Bei den Unterschieden, die sie in die Beziehung einbrachten, war das Projekt „Ehe" wohl vom ersten Tag an zum Scheitern verurteilt.

Jedenfalls war Mutter nun weg – von jetzt auf gleich. Weg aus der Wohnung, weg aus unserem Leben – aber nicht weg aus meinem Herzen. Ich sehnte mich nach ihr. Mein Bruder hingegen wollte nichts mehr von ihr wissen. „Sie hat uns verlassen, und deswegen hasse ich sie", sagte er mir einmal. Er hat den Kontakt auch nie wieder gesucht. Ich konnte meine Mutter jedoch nicht einfach abhaken. Ungefähr zwei Jahre später ging ich einfach zu ihr, besuchte sie in ihrem neuen Zuhause. Heute habe ich zu meiner Mutter wieder ein gutes Verhältnis, und dafür bin ich dankbar.

Direkt, nachdem sie gegangen war, wurde unsere Situation jedoch erst einmal komplizierter. Mein Vater war zwar noch sehr jung, saß aber schon auf einem immensen Schuldenberg.

Seine Versuche, sich selbstständig zu machen, scheiterten immer wieder. Er ließ sich aber in dieser Situation nicht hängen, sondern rackerte sich ab, um seine Schulden zu bezahlen und um seine Familie zu ernähren. Häufig ging er mehreren Jobs gleichzeitig nach und war von frühmorgens bis spätabends unterwegs. Erfolg hatte er nicht immer. Hin und wieder verlor er einen Job und musste wieder neu auf die Suche nach Arbeit gehen. So sahen wir unseren Vater kaum. Er lebte sein eigenes Leben. In seiner knapp bemessenen Freizeit ging er irgendwelchen Hobbys nach, von denen wir nichts mitbekamen.

Natürlich suchte mein Vater auch nach einer neuen Frau, doch das war mit zwei Kindern, einer Mutter, der es gesundheitlich nicht gut ging, und wenig Freizeit fast unmöglich. An zwei Frauen, die für längere Zeit bei uns wohnten, kann ich mich aber noch erinnern. So richtig glücklich kann mein Vater damals jedoch nicht gewesen sein, denn er musste sich ganz schön schinden, um sein Leben auf die Reihe zu bekommen.

Ich machte mir damals über unsere Lebenssituation nicht allzu viele Gedanken. Natürlich fehlte mir meine Mutter, aber unsere finanzielle Lage bereitete mir keine Sorgen. Wir waren zwar arm, mussten vieles entbehren, aber ich kannte es nicht anders. Wenn ich Freunde besuchte, registrierte ich wohl oberflächlich, dass sie wohlhabender waren als wir, aber so richtig verglichen habe ich damals nicht – mein junges Herz war für Neidgefühle offenbar nicht besonders anfällig. Zu Hause musste ich viel und hart arbeiten. Mein Bruder war zwar älter als ich, aber leider nicht gesund. Schon seit er ein Baby war, wurde er von Epilepsieanfällen geplagt. Darauf nahmen alle sehr viel Rücksicht, und so brauchte er kaum Pflichten in der

Familie zu übernehmen. Einkaufen und Abwaschen waren zum Beispiel meine Aufgaben. Mein Bruder durfte in dieser Zeit Freunde besuchen oder spielen.

Für mich war im Alter von zehn Jahren an Spielen im Grunde nicht mehr zu denken. Dafür war einfach keine Zeit mehr. Hin und wieder ging ich allerdings in einen Jugendklub. Dort gab es zumindest eine Tischtennisplatte. Pädagogische Betreuer konnte ich dort nicht ausmachen, sonst hätte ich vielleicht professionelle Hilfe bekommen. Wenn ich so zurückdenke, durchlebte ich in meiner Kindheit sehr viel emotionale Einsamkeit.

Mein einziges Hobby war das Aufnehmen und Abhören von Musikstücken mit meinem Kassettenrekorder. So lernte ich die Musik von Elvis Presley kennen und lieben. Seine Songs hörte ich immer wieder, oft Tag und Nacht, aber darüber hinaus interessierte ich mich auch für sein Leben. Wir wohnten damals in einer Dachwohnung mit Toilette draußen auf dem Gang. Da es in der Gegend, in der wir lebten, sehr viele Obdachlose, Alkoholiker und Prostituierte gab, hatten wir im Hausflur immer wieder ungebetene Gäste. In kalten Nächten zog es sie in unser Haus, wo sie sich auf der Treppe oder im Gang ein Plätzchen zum Übernachten suchten. Teilweise schlichen sie bis in die obere Etage, um dort ihr Nachtlager aufzuschlagen.

Einmal – es war mitten im Winter – musste ich nachts dringend aufs Klo. Ich schlich mich leise zur Wohnungstür und öffnete sie. Mit der Hand tastete ich an der Wand nach dem Lichtschalter, doch ich fand ihn nicht sofort. Es war bitterkalt, denn der Hausflur wurde natürlich nicht beheizt. Plötzlich spürte ich etwas an meinen Beinen, ich stolperte einen

Schritt vor und fiel der Länge nach hin. Ein Grunzen und Stöhnen versetzte mich fast in Panik. Ein Obdachloser hatte es sich direkt vor unserer Wohnungstür gemütlich gemacht. Was für ein Schock war das für mich – mitten in der Nacht über einen betrunkenen Mann zu fallen! Nach diesem Vorfall ließ ich jedes Mal, wenn ich nachts zur Toilette musste, zuerst den Sicherheitsriegel an der Haustür einrasten, um dann vorsichtig die Tür zu öffnen, das Licht anzumachen und nachzuschauen, ob da jemand lag, ehe ich einen Schritt in den Hausflur machte.

Meine Oma war zu dieser Zeit schon vom Krebs zerfressen, wie mein Vater sich auszudrücken pflegte. Sie konnte mir schließlich im Haushalt kaum noch helfen. Morgens verließ ich das Haus, ohne zu frühstücken. Mittags dann, wenn ich von der Schule nach Hause kam, hatte Oma uns etwas gekocht, wenn sie die Kraft und das Geld dazu hatte. Meine Großmutter bezahlte in der Regel immer alles von ihrer kleinen Rente. Das Geld, das mein Vater erarbeitete, ging vor allem für die Tilgung seiner Schulden drauf.

Nach dem Mittagessen und dem anschließenden Abwasch schrieb Oma mir den Zettel für den Einkauf. Das Einkaufen darf man sich aber nicht so leicht vorstellen. Es gab keinen Supermarkt. Ich musste die Lebensmittel dort einkaufen, wo sie am preiswertesten waren. Oft durchkämmte ich an einem Nachmittag drei verschiedene Geschäfte, und das dauerte manchmal sehr lange. Taschengeld bekam ich zu diesem Zeitpunkt keines. So konnte ich mir bei diesen Einkäufen nur selten etwas für mich aussuchen. Als ich meinen Vater einmal nach Taschengeld fragte, wies er mich barsch zurück. „Wenn du Geld haben willst, dann musst du es eben selbst verdienen!", fuhr er mich an. Ich war damals noch keine zehn Jahre alt.

Kurze Zeit später lernte ich eine Dame aus unserer Nachbarschaft kennen, für die ich einmal in der Woche einkaufen durfte. Als Lohn erhielt ich 50 Pfennige, wovon ich mir dann Süßigkeiten leisten konnte.

Nach dem Einkaufen hatte ich etwas Freizeit, und die verbrachte ich in erster Linie auf den Spielplätzen der Nachbarschaft, wo ich mich mit meinen Kameraden traf. Mit zu uns nach Hause durfte ich niemanden bringen; das war tabu. Mein Vater schämte sich wahrscheinlich für die bescheidenen Verhältnisse, in denen wir lebten.

Armut prägte unser Leben. Ständig mussten wir rechnen und Preise vergleichen. Ganz schlimm wurde es immer, wenn unsere Schuhe kaputtgingen. Für neues Schuhwerk war nämlich in der Regel kein Geld vorhanden. Oma weinte oft, weil sie einfach nicht wusste, wie sie mit uns über den Monat kommen sollte. Manchmal war schon am 20. des Monats kein Geld mehr da. Irgendwie schafften wir es aber doch jedes Mal. Ich staune noch heute, wie meine Oma uns immer wieder über die Runden brachte, und bin ihr dafür sehr dankbar.

Natürlich gab es auch schönere Tage. Ein Höhepunkt war jeden Monat, wenn die Rente auf Großmutters Konto überwiesen wurde. Dann schickte Oma mich zum Fleischer und ich durfte Wiener Würstchen kaufen. Die gab es zusammen mit frischem Brot. Was für ein Festessen! Für viele ist das sicher nichts Besonderes, aber noch heute, wenn es bei uns Wiener Würstchen gibt, denke ich an diese Zeit zurück.

Seitdem mein Vater meinem Bruder und mir eröffnet hatte, dass meine Oma schwer krank sei, lebte ich in einer großen Angst. Vater hatte uns gesagt, dass sie vielleicht nur noch zwei Jahre zu leben hätte. Ich war damals erst zehn oder elf und wachte jeden Morgen mit dem Gedanken auf, was wohl sein würde, wenn Oma nicht mehr da wäre. Sie lebte dann aber doch noch fünf Jahre.

Meine Großmutter war damals für mich und meinen Bruder die einzige wirkliche Ansprechpartnerin. Die Angst, dass wir diesen fürsorglichen Menschen, den wir so sehr liebten und der sich um uns kümmerte, verlieren könnten, war bei uns Kindern daher natürlich groß.

Dass wir beiden Jungs uns keinen Luxus leisten konnten, daran waren wir gewöhnt. Was mir allerdings zu schaffen machte, war, dass ich die Klamotten meines älteren Bruders auftragen musste, wenn sie ihm zu klein geworden waren. Natürlich wollte ich auch mal eine neue Jeans oder einen neuen Pullover haben, aber das war fast nie drin.

Ich erinnere mich an das Jahr 1974 – damals war ich zehn Jahre alt. Die Tierhandlung meines Vaters ging pleite. Immer wieder klingelte in dieser Zeit der Gerichtsvollzieher bei uns an der Haustür. Das war für uns alle jedes Mal eine peinliche Situation. Meine Großmutter führte den Mann dann durch die Wohnung und manchmal nahm er etwas mit oder klebte den legendären „Kuckuck" auf Möbel – das Pfandsiegel, das deutlich machte, dass das entsprechende Inventar nicht mehr uns gehörte. Oft versuchten wir, mit dem Gerichtsvollzieher zu reden. Er war kein kaltherziger Mensch, er zeigte häufig auch Mitleid mit uns. Natürlich wusste er, dass Kinder nichts für die

Schulden ihrer Eltern können. Der Gerichtsvollzieher erkannte durchaus auch an, dass mein Vater sich sehr viel Mühe gab, um allen Verpflichtungen nachzukommen, aber Recht ist Recht – und diejenigen, die von uns Geld wollten, hatten ja einen Anspruch darauf.

Unsere schlechte finanzielle Situation nagte natürlich an meinem Vater, und so zeigte sein Nervenkostüm leider häufig tiefe Risse. Jedes Mal, wenn ich schlechte Noten nach Hause brachte oder eine mittelmäßige Note im Zeugnis hatte, wusch er mir ordentlich den Kopf. Schlimmeres hätte mir geblüht, wenn er mich beim Rauchen erwischt hätte. Er, der Kettenraucher, hatte uns den Tabakkonsum strengstens untersagt. Aber ich bin nie erwischt worden.

Einmal bekamen mein Bruder und ich richtig Ärger mit meinem Vater. Wir waren einkaufen gewesen. Jeder von uns Jungs schleppte eine Tüte. Es war ein wunderschöner Tag, und wir kamen an einem Spielplatz vorbei, auf dem auch einige unserer Freunde spielten. Wir dachten, es würde sicherlich nicht schaden, wenn wir uns etwas Spaß gönnten, und so stellten wir die Tüten ab, um uns unseren Kumpels anzuschließen. Über dem Spielen vergaßen wir jedoch vollkommen die Zeit – und auch unsere Einkaufstüten. Wir hatten nicht mitbekommen, dass andere Kinder sie entdeckt und sich daran zu schaffen gemacht hatten. Plötzlich stand völlig unerwartet unser Vater vor uns. Noch nie zuvor hatte er sich auf einem Spielplatz blicken lassen. Ausgerechnet heute hatte er früher Feierabend gemacht.

Er schrie uns an, wir sollten die Tüten nehmen und mit ihm nach Hause gehen. Wie in Trance schnappten wir die Reste der Lebensmittel und folgten ihm steifbeinig und ängstlich. In der

Wohnung angekommen, mussten wir dann die Hosen herunterlassen und es setzte Hiebe auf den nackten Hintern – mit dem Hosengürtel unseres Vaters. Zu seiner Ehrenrettung sei gesagt: Wir haben sonst nicht viel Prügel von ihm bekommen, obwohl er immer sehr streng mit uns war.

Mein Vater musste sich, nachdem meine Mutter ausgezogen war, mehr oder weniger als Einzelkämpfer durchschlagen. Ich kannte ihn nicht anders, immer nur als Kämpfer. Ich bewunderte ihn dafür irgendwie, doch gleichzeitig litt ich darunter, wie ihn die permanente Anspannung im Kampf ums nackte Überleben hart machte. Familie fand für ihn nur noch in den wenigen freien Minuten statt, die er für uns hatte. Erst viel später – ich lebte damals schon lange nicht mehr bei ihm – bekam er sein Leben besser in den Griff.

23.

Die Arche legt ab

Eines Tages verschlug es mich nach Berlin-Hellersdorf. Das war 1991, als die Mauer bereits gefallen war und Deutschland im Vereinigungsfieber schwelgte. Hellersdorf war bis zum Jahr 2001 ein eigener Berliner Bezirk. Entstanden war er zu DDR-Zeiten – eine auf dem Reißbrett entworfene Massensiedlung in Plattenbauweise. Endlos reihten sich die Häuser aneinander, Tür an Tür, Fenster an Fenster.

So etwas hatte ich davor nie gesehen. Mit dem beschaulichen Lörrach, wo wir als Familie lebten, war das nicht zu vergleichen.

Vor allem zahlreiche junge Familien mit Kindern lebten in Hellersdorf, weil die einfachen Wohnungen bezahlbar waren. Wie deprimierend das Leben für viele dort war, war mir damals nicht klar. Geprägt von der Aufbruchsstimmung, die ich durch die vielen guten Nachrichten nach der Wende wahrgenommen hatte, fehlte mir der Blick für die Perspektivlosigkeit zahlreicher Menschen in den Plattenbausiedlungen.

Mir sollten in jenen Tagen jedoch die Augen aufgehen. Im Zentrum von Hellersdorf, in der Hellen Mitte, hatte schon damals jeder Vierte im Alter von 15 bis 64 Jahren keine Arbeit – ein Zustand, der auf Dauer nicht gut gehen kann. Es gibt keine negativere Botschaft an junge Leute als die, dass sie nicht gebraucht werden. Wenn unsere Gesellschaft ihre jungen Leute nicht integriert – gerade auch ins Arbeitsleben –, dann werden sie sich irgendwann gegen die Gesellschaft wenden, davon bin ich überzeugt.

Zehn Tage blieb ich damals in Hellersdorf, und schon nach wenigen Tagen machte es bei mir „klick" im Kopf. Ich wusste, hier wurde ich gebraucht, mehr als in Lörrach.

Im Hinterzimmer einer Kneipe begegneten wir den jungen Leuten mit Musik, Snacks und Gesprächen über Gott und die Welt. Ich unterhielt mich dabei mit vielen Jugendlichen, die schon keine Ziele mehr für ihr Leben hatten. Sie fanden keinen Ausbildungsplatz oder hatten nach der Wende ihre Arbeit verloren.

Wie naiv war ich doch nach Berlin gekommen! Wo keine Perspektiven waren, da konnte auch keine Aufbruchsstimmung herrschen, das wurde mir immer klarer. Wir durften den Jugendlichen keine Schuld geben. Sie waren Opfer der Lebensumstände, der Politik und auch der Raffgier vieler Menschen, die an der Wiedervereinigung verdienen wollten. Und natürlich waren sie die Verlierer des Übergangs vom sozialistischen zum marktwirtschaftlichen System. Zu Tausenden mussten sie in den Tag hineingammeln, weil es für sie keine Verwendung gab. Damals kannte man das Wort „Kinderarmut" noch nicht. Es ist sozusagen ein Nachwendewort. Kaum jemand machte sich zu der Zeit über dieses Thema Gedanken.

Mich hingegen machte die Situation dieser jungen Leute, wie sie sich mir in unzähligen Gesprächen darstellte, immer wütender. Ich wusste: Hier musste etwas passieren. Diese Jugendlichen und jungen Erwachsenen brauchten Hilfe. Hier wollte ich arbeiten – dieses Gefühl bestürmte mich geradezu.

Kurze Zeit später ging es für mich wieder zurück nach Lörrach. Aber mein Entschluss, für immer nach Berlin zu gehen, stand fest.

In meinen ersten Wochen in Berlin traf ich einmal eine Gruppe von Jungs, die auf einem Spielplatz abhingen. Was sie denn den ganzen Nachmittag so machen würden, fragte ich die Jugendlichen. „Wir suchen uns ein paar Mädels, um ein bisschen zu poppen", antwortete ein Junge, der das Gesicht eines Milchbubis hatte. Das war nicht nur so dahergesagt, das spürte ich sofort.

Die Jugendlichen hatten in ihrer Freizeit schlicht und einfach nichts zu tun und hingen deshalb auf den Spielplätzen der Umgebung ab. Es gab viel zu wenige Jugendklubs in der Nachbarschaft und die Freizeit der Kinder gestaltete sich oft leer und öde. *Wie trostlos ist es, wenn niemand für diese Kinder da ist und sie auch keine festen Strukturen in ihrem Leben haben*, dachte ich. Einer musste doch ihre Situation ändern!

Meine finanzielle Situation am Anfang unserer Berliner Zeit war nicht nur schwierig – sie war einfach katastrophal.

Anders kann man es nicht ausdrücken. Als Pastor verdiente ich so wenig, dass wir praktisch von meinen kleineren Nebenjobs und dem Kindergeld lebten. Wir waren gezwungen, zusätzlich Sozialhilfe zu beantragen.

Die Mitarbeiterin des Sozialamtes glaubte uns nicht, dass wir tatsächlich nur von dem bisschen Geld lebten, das ich verdiente. „Sagen Sie mir erst, wovon Sie leben und woher Sie sonst noch Geld bekommen", forderte sie. Aber wir hatten keinen Sponsor, der uns half. Wir waren allein auf uns gestellt. Wie wir das hinbekamen, frage ich mich heute selbst immer wieder. Meine Frau zauberte damals mit ganz wenigen Mitteln immer wieder etwas auf den Tisch. Karin und ich lagen zu dieser Zeit oft nächtelang wach und zerbrachen uns die Köpfe über unsere Situation. War der Schritt, nach Berlin zu gehen, womöglich ein Fehler gewesen? Hätten wir nicht besser alles beim Alten lassen und in Lörrach bleiben sollen? Dort war es uns schließlich gut gegangen.

Ich erinnere mich an ein Weihnachtsfest zu dieser Zeit. Ich wusste nicht, was ich meiner Frau und den Kindern zu Weihnachten schenken sollte. Für die allermeisten Kinder ist Weihnachten ein ganz großer, wenn nicht sogar *der* Höhepunkt des Jahres, so natürlich auch für meine Kinder – und ich hatte kurz vor dem Fest keine Mark mehr in der Tasche. Dann las ich eine Anzeige in der Berliner Morgenpost: „Nachtportier im Hotel gesucht". War das meine Chance auf einen weiteren kleinen Zusatzverdienst? Meiner Frau gefiel der Gedanke, dass ich noch eine Stelle annehmen würde, nicht besonders. „Du arbeitest schon sieben bis acht Stunden in der Gemeinde. Wie willst du dann auch noch nachts wach bleiben können, um als Portier zu jobben? Das hält deine Gesundheit nicht aus", warnte sie mich. Hinzukam, dass unsere Kinder ja auch noch klein waren und auch Anspruch auf Zeit mit ihrem Vater hatten.

Mutete ich mir tatsächlich zu viel zu? Ich wusste nicht mehr ein noch aus. Trotzdem machte ich mit dem Hotel einen Termin aus. Weihnachten ohne Geschenke? Das große Fest der enttäuschten Erwartungen? Das wollte ich den Kindern und meiner Frau – und auch mir selbst – einfach nicht antun. Ich sah mich ohnehin schon als eine Art Verlierer.

Einen Tag später – ich kam gerade von einer Veranstaltung in unserer Gemeinde in Wedding – ging ich zum Briefkasten, um nach der Post zu schauen, und fand darin neben den üblichen Werbeprospekten einen dicken, wattierten Umschlag. Der Brief war an Familie Siggelkow adressiert und trug keinen Absender. In der Küche gab ich meiner Frau einen Begrüßungskuss und fragte, ob sie Post erwarte.

Karin war jedoch genauso überrascht über die Post wie ich. Neugierig öffneten wir den Umschlag – und trauten unseren Augen kaum: Darin lagen fein säuberlich zusammengelegt zehn 100-Mark-Scheine. Sonst nichts – kein Brief und kein Hinweis darauf, von wem das Geld kam. Nur diese 1000 DM. Wir waren baff.

Die Stelle im Hotel nahm ich natürlich nicht an. Wir feierten dank der anonymen Spende ein wunderschönes Weihnachtsfest und es blieb ein ordentlicher Betrag für die kommenden Wochen übrig. Das war der erste Lichtblick am Ende eines langen Tunnels. In diesem Tunnel sollten wir jedoch noch vier lange Jahre leben.

Es waren schwierige Jahre, die ich nie wieder erleben möchte. Wir mussten auf sehr vieles verzichten, aber die Erfahrungen, die ich damals gemacht habe, haben mich geprägt.

Ich kann seit dieser Zeit Menschen, die über Jahre, ja, manchmal ein ganzes Leben lang von Transferleistungen leben müssen, besser verstehen. Ich hatte damals schon meinen Glauben und auch meine Perspektiven und Pläne, die mich hoffnungsvoll in die Zukunft blicken ließen, viele andere haben das jedoch leider nicht.

1995 war für mich das frustrierendste Jahr in Berlin. Es ging kaum vorwärts, wir erlebten viel Widerstand, hatten nie Geld, und so fassten wir schließlich den Entschluss: Sollte sich an der Situation bis zum Jahresende nichts ändern, gehen wir wieder zurück nach Lörrach.

Doch nach und nach sprach sich herum, dass wir zahlreiche Aktivitäten für Kinder anboten. Ich hatte ja schon als Pastor für meine Kirchengemeinde Kinderfreizeiten veranstaltet, und damit hatte ich auch nicht aufgehört, als die Stelle gestrichen worden war. Jedes Mal fuhren immer mehr Kinder mit, die mit der eigentlichen Kirchenarbeit wenig bis gar nichts zu tun hatten.

In diesem Jahr waren ungefähr zehn Kinder aus Hellersdorf mit dabei, und ich dachte mir: *Vielleicht ist das der Türöffner für das, was ich eigentlich wollte.*

Ich sprach eine der Mütter dieser Kinder an und fragte sie nach Menschen, die im Stadtbezirk Ähnliches umsetzen wollten wie wir, um den Kindern, die dort lebten, zu helfen.

Die Frau freute sich richtig. Sie erzählte mir, es gebe da noch mehr Menschen in Berlin-Hellersdorf, die ein ähnliches Anliegen verfolgen würden wie ich. „Wir können uns ja mal mit denen treffen", sagte sie.

Im November des Jahres kam es dann zu einem ersten Treffen mit Gleichgesinnten. Viele von ihnen waren Christen, die eine Art Kirchenarbeit mit Schwerpunkt auf Jugend machen wollten. Wenig später gründeten wir eine evangelische Freikirche mit dem Ziel der Jugend-, Kinder- und Familienarbeit.

Das war die Geburtsstunde der Arche, obwohl wir anfänglich noch „Evangelische Freikirche Hellersdorf" hießen. Aber schnell stellte sich heraus, dass aus dieser einst geplanten Gemeinde ein Rettungsboot für Kinder und Familien entstehen sollte, nämlich eine Arche.

Der erste Schritt war getan. Doch die Arbeit unserer Kirche war nicht ganz einfach. Wir lebten ja in einem Bezirk, der sich nicht gerade durch seine christliche Grundlage auszeichnete. Hier lebten viele Menschen, die mit Gott und der Kirche nichts anfangen konnten. Aber wir hofften, auch die Kinder dieser Familien zu erreichen.

Nachdem wir die Kirche als Verein hatten eintragen lassen, begannen wir langsam unsere Arbeit.

In den Wochen danach ging es richtig los. Ich besuchte Kinderspielplätze, um mit den Kindern zu spielen, um mich mit ihnen zu unterhalten und sie und ihre Nöte kennenzulernen, wir veranstalteten Kinderpartys und weitere Events für die jungen Menschen in diesem Bezirk. Dann luden wir eine andere christliche Jugendorganisation aus der Stadt ein, mit uns zusammen ein großes Kinderfest auf die Beine zu stellen. Dafür mieteten wir einen großen Saal an. Das war natürlich in diesen

Anfangstagen aufgrund der Kosten für uns ein großes Risiko, aber dieses Risiko waren wir bereit einzugehen.

Weil wir vermeiden wollten, dass wir vor halb leeren Reihen standen, verteilten wir im Vorfeld der Veranstaltung Handzettel und informierten die lokale Presse. Die berichtete einen Tag vorher auch ausführlich über unsere Veranstaltung. Unsere Werbung zeigte ihre Wirkung: In dem Saal, in dem das Kinderfest stattfinden sollte, gab es Platz für ungefähr 100 bis 150 Kinder. Doch als wir die Pforten für die Veranstaltung öffneten, drängten sich rund 300 Kids und Jugendliche hinein! Der Saal platzte aus allen Nähten, sodass wir leider über 100 Kinder wieder nach Hause schicken mussten. Aber immerhin: Der Anfang war gemacht.

Schon wenige Tage später starteten wir mit einem wöchentlichen Kinderprogramm in einem Hellersdorfer Jugendklub. Zusätzlich hielten wir in unserem Wohnzimmer kleinere Kinderveranstaltungen ab.

1998 wurde in dem Plattenbau, in dem wir zwei Jahre vorher eine Wohnung angemietet hatten, ein kleines Ladenlokal frei, in dem vorher ein Fotogeschäft gewesen war. Ich überlegte nicht lange und bewarb mich als Mieter für diese Räume. 2000 Mark sollten wir dafür monatlich bezahlen. War das aus eigener Kraft für unsere kleine Gemeinde zu schaffen? Wir gingen das Risiko ein und unterschrieben den Mietvertrag.

Wenn meine Frau und ich vor unserem Umzug nach Berlin gewusst hätten, was für eine kräftezehrende Arbeit vor uns lag – wer weiß, ob wir den Mut dazu gehabt hätten, das beschauliche

Lörrach zu verlassen. Und trotzdem kann ich heute nur sagen: Wir bereuen nicht, diesen Schritt damals getan zu haben. Auch wenn wir uns in dieser schwierigen Anfangszeit immer wieder gefragt haben, ob die Entscheidung die richtige gewesen war, so hatten wir doch das Gefühl, dass das, was wir taten, genau die Aufgabe war, die uns ans Herz gelegt worden war.

Einmal fragte mich ein Journalist, warum ich diese ganze Arbeit auf mich nähme. Aus den Kindern würde doch eh nichts werden, man brauche sich doch nur die Eltern anzuschauen. Ich habe ihm widersprochen. Denn in jedem Kind steckt Potenzial, und das muss erkannt, geweckt und gefördert werden. Bei vielen Kindern wird dieses Potenzial aber leider nicht geweckt, ja, nicht einmal erkannt, weil die Eltern dazu nicht in der Lage sind oder weil sie mit ihren eigenen Problemen beschäftigt sind. Oft können sich die Kinder keinen Sport-, Musik- oder Nachhilfeunterricht leisten, manchmal auch einfach deshalb, weil die Eltern das Geld der Kinder für andere Dinge ausgeben. Eigentlich müssten die Schulen ihren Bildungsauftrag erfüllen und die Defizite dieser Kinder ausgleichen. Das passiert aber nicht. Die meisten dieser Kinder wissen heute schon, was aus ihnen wird – oder besser: was *nicht* aus ihnen wird. Ich sehe sie jedoch nicht nur als das, was sie sind – sondern auch als das, was sie sein könnten, wenn sie optimal gefördert würden. Dieses ganz andere Bild stimmt mich hoffnungsvoll, und das ist es, was mich von Anfang an angetrieben hat.

Zweifellos hat mir aber auch mein Christsein geholfen, diesen Weg zu gehen. Liebe und Beziehung sind die Schlüssel zum Herzen jedes Menschen. Wenn ich heute mit Leuten spreche, die sich irgendwann entschieden haben, Christ zu werden, dann stelle ich fast immer fest, dass am Anfang ihres Glaubenslebens meist die Beziehung zu einem Menschen stand, der Christ war. Das heißt: Nicht eine feurige Predigt hat ihnen den Glauben nahegebracht, sondern das Vorbild eines Christen aus ihrem Umfeld. Ich kann niemanden allein durch Reden von meinem Glauben überzeugen.

Man kann viel erzählen, aber ob man es mir abnimmt, das steht auf einem anderen Blatt. Gerade die Kinder und Jugendlichen beobachten einen bei dem, was man tut, und dabei liegt die Messlatte sehr hoch. Das Zauberwort heißt „Liebe". Fehlt uns die, dann geht die Arche unter. Jeder Mensch sollte Liebe erfahren.

24.

(K)ein ganz normaler Arbeitstag

Es ist 6.30 Uhr. Draußen regnet es, also ziehe ich mir Gummistiefel an, um eine Dreiviertelstunde mit meinem Hund spazieren zu gehen und in den Tagesrhythmus zu finden. Die Nacht war leider viel zu kurz, ich bin noch nicht richtig da. Mein Hund schaut mich hin und wieder fragend an, scheinbar stimmt das Tempo nicht oder ich werfe das Stöckchen nicht so weit wie sonst. Regen klatscht mir ins Gesicht, aber das merke ich kaum, weil mir so viele Gedanken durch den Kopf gehen. In der Arche stehen Veränderungen und Erweiterungen an, Mitarbeitereinstellungen und über allem die Frage, wohin die Arche noch segeln wird. Wir bekommen so viele Anfragen von Bürgern aus den verschiedensten Brennpunkten Deutschlands, Schuldirektoren wenden sich an uns, um unsere Hilfe in Anspruch zu nehmen. Und jedes Jahr müssen wir aufs Neue die alles überragende Herausforderung stemmen und die Finanzierung sicherstellen. All diese Gedanken lassen mich auch wenig später auf der Autofahrt hin zur Arche nicht los. Ich nehme mir vor, diese Punkte bei der nächsten Leitungssitzung zu diskutieren und mit meinen Kollegen zu überlegen, welche neuen Wege wir gehen können, um den Kindern und Familien weiterhin schnell und unkompliziert zu helfen. Zwar haben wir das in den letzten 20 Jahren oft geschafft, doch es wird immer schwieriger. Denn je größer eine Organisation ist, desto mehr Auflagen hemmen Flexibilität und Spontaneität. Das führt bei mir zu schlaflosen Nächten.

Vor meinem Büro in der Hellersdorfer Arche wartet schon ein junger Mann, den ich seit vielen Jahren kenne. Vor genau 14 Jahren marschierte er in seinen Springerstiefeln das erste Mal mit rund 50 anderen Skinheads in der Arche ein, um den Klub zu übernehmen. Doch soweit kam es nicht. Genau wie Katze (siehe Kapitel 13) und die anderen Glatzköpfe hat er bei uns zum ersten Mal echtes Interesse und Wärme erfahren. Sie haben die Erfahrung gemacht, dass normale Erwachsene sie ernst nehmen, ohne ihnen Parolen einzutrichtern. Und sie haben zum ersten Mal gemerkt, dass jemand an sie glaubt und dass sie mehr aus ihrem Leben machen können als Randale.

Die Begegnung blieb nicht ohne Folgen: Schon nach wenigen Monaten kehrten die Rädelsführer ihrer Gruppe den Rücken und stiegen aus. Einige kamen in der Folgezeit ins Gefängnis, andere orientierten sich neu, unter ihnen Boris, der heute Morgen auf mich wartet.

Boris hatte in den letzten Jahren unermüdlich versucht, aus eigener Kraft wieder auf die Beine zu kommen. Das war nicht leicht, auch wenn er einen Hauptschulabschluss hatte. Doch zu Hause sitzen und von Hartz IV leben, lag ihm nicht. Immer mal wieder fand er einen Gelegenheitsjob und merkte, dass er mit seinen Händen Geld verdienen konnte. Schließlich bekam er die erste Festanstellung. Dadurch stellte sich sein Zeitablauf um. Er hing immer seltener mit Freunden irgendwo zum Biertrinken rum, sondern richtete sich nach und nach eine Wohnung ein und lernte seine Freundin Sonja kennen, ein Mädchen aus der Nachbarschaft, das ebenfalls aus einfachen Verhältnissen kam.

Ich war immer sehr stolz, wenn ich den beiden begegnete, weil sie es geschafft hatten, an ihrem Traum von einer besseren Zukunft festzuhalten. Auch als Sonja schwanger wurde, umsorgte Boris sie liebevoll. Immer wieder kam das Paar in die Arche, besonders, wenn es kleine Problemchen gab. Sie wussten ja noch von früher, dass es hier wie in einer großen Familie zugeht und wir meistens eine Möglichkeit fanden zu helfen und zu unterstützen. Als Boris mal zwei Monate arbeitslos war, stand er mehrfach verzweifelt in der Tür und sagte: „Bernd, ich bin so unglücklich. Ich will doch für meine Familie sorgen!" Dann kamen Sonja, er und das kleine Baby eine Weile täglich zum Essen in die Arche, bis Boris wieder Arbeit fand.

Dass er nun vor meinem Büro sitzt, überrascht mich und sofort befürchte ich, es gebe neue, schlechte Nachrichten. Die Angst, dass unsere Hoffnungen und Anstrengungen durch Rückschläge enttäuscht werden, steckt mir besonders heute, vielleicht wegen der kurzen Nacht, irgendwie in den Knochen.

Aber Boris sieht nicht unglücklich aus, als wir zusammen in mein Büro gehen und Kaffee trinken. Er erzählt von seiner Arbeit auf dem Bau und wie anstrengend es manchmal ist.

Doch die Kollegen sind in Ordnung und das ganze Arbeitsklima scheint entspannt zu sein. Auch mit dem Geld, das er nach Hause bringt, kommt die kleine Familie gut klar und unser Gespräch ermutigt mich. Gerade heute, wo ich mir schon im Morgengrauen so viele Gedanken über die Arche gemacht habe, ist der Besuch von Boris genau das Richtige. Jetzt weiß ich wieder, dass all unsere Bemühungen sich lohnen.

„Bernd", sagt Boris, „unsere Tochter ist jetzt in der ersten Klasse und sie macht sich ganz gut. Du weißt ja, sie ist ein liebes Mädchen!" Ja, ich kenne Charly von klein auf. Für uns ist sie nicht nur deshalb etwas Besonderes, weil sie gern wie ein Wirbelwind durch die Räume zieht, sondern sie gehört zu den ersten Kindern einer neuen Generation von Arche-Kindern. Kindern, deren Eltern bereits zu uns kamen, als sie selbst klein waren.

Boris hat einen Wunsch: „Ich möchte gern, dass Charly nach der Schule in die Arche geht. Der normale Hort an der Schule ist zwar okay, aber ich habe am eigenen Leib erfahren, wie liebevoll die Arche-Mitarbeiter mit mir umgegangen sind, und weil Charly so ein starkes Temperament hat, wird sie hier am besten aufgehoben sein!"

Mir wird richtig warm ums Herz, weil ich merke, dass bei Boris die zentrale Botschaft unserer Arbeit angekommen ist. Er hat hier selbst erfahren, wie wichtig richtige Freunde und nachhaltige Beziehungen sind. Ohne Verständnis, Hilfe und Unterstützung würde er vermutlich heute im Gefängnis sitzen wie sein Freund Alex, bei dem unser gutes Zureden nicht geholfen hatte. Alex schlug mehrere Personen krankenhausreif. Schon seit zweieinhalb Jahren sitzt er im Gefängnis. Seine Freunde von früher, vor denen er gern mit seinen Handgreiflichkeiten geprahlt hat, besuchen ihn schon lange nicht mehr.

Boris will den richtigen Umgang für seine Tochter, denn er weiß genau, wie schnell man abrutscht, wenn man in einem sozialen Brennpunkt lebt und die falschen Freunde hat. „Ich freue mich, wenn Charly regelmäßig kommt", antworte ich und Boris verlässt fröhlich mein Büro.

Auf meinem Schreibtisch türmen sich Briefe, die ich heute unbedingt beantworten muss, und zwei Telefontermine stehen unmittelbar bevor. Als ich gerade den Hörer abnehme und wählen will, klopft es an der Tür.

Cobra, einer unserer Sozialarbeiter, tritt ein. Ein echtes Unikat, wer ihn einmal gesehen hat, wird ihn nicht so schnell vergessen: kräftige Erscheinung, tätowiert, Armeejacke, Lederhose, Stiefel, keine Haare, dafür aber ein Kopftuch. Cobra ist etwas über 50 Jahre alt und Respekt einflößend. Dabei auch sensibel, trotz rauer Schale. Im ersten Beruf war er Lkw-Fahrer und wurde dann Streetworker und Kampfsportlehrer – unser Mann fürs Grobe. Er kennt zwar das Sozialgesetzbuch auswendig, aber er ist ein Typ, der lieber Taten sehen will ohne viel zu quatschen. Das macht ihn extrem sympathisch. Macht mal jemand Stress im Haus, muss Cobra sich nur in der Tür zeigen und schon legt sich der Sturm.

Er hat die Mutter eines siebenjährigen Mädchens, das unsere Einrichtung schon seit einigen Monaten besucht, im Schlepptau. Die Mutter ist vielleicht Ende 20 und man sieht ihren Gesichtszügen an, dass sie schon vieles durchgemacht hat. Auch sie war in ihrer Jugend mit den falschen Freunden zusammen und diese Zeit hat viele Narben zurückgelassen.

Wenn Cobra mit jemandem in mein Büro kommt, muss es sich um eine ausweglose Situation handeln, das weiß ich. Dann hilft Cobras Wissen nicht weiter, dann steckt jemand in einer verfahrenen Situation, für die es offiziell keine Hilfe gibt.

In diesem Fall ist es so: Der Mutter ist tags zuvor die Handtasche gestohlen worden – mit Portemonnaie, fünf Euro waren drin, Personalausweis und Haustürschlüssel.

„Ich komme nicht mehr in meine Wohnung", sagt die Frau, „was soll ich machen?"

Komische Frage! Ich schaue zu Cobra hinüber und überlege, ob es sein Ernst sei, wegen einer solchen Lappalie zu mir zu kommen. Ich antworte deshalb auch nur knapp: „Den Schlüsseldienst holen!" Daraufhin die Mutter: „Und wer bezahlt das?" – „Na, das Jobcenter!" Für mich ist die Sache klar.

Jetzt mischt sich Cobra ein und erklärt mir, dass das Jobcenter weder die Kosten für den Schlüsseldienst noch für das neue Schloss übernehmen wird. Jennifer und ihre Mutter könnten erst wieder in ihre Wohnung zurückkehren, wenn sie die Tür selbst geöffnet bekommen. Ich bin irritiert. Was soll das denn? Wenn ein Mensch Hilfe braucht, dann muss man ihm helfen, das ist doch wohl klar. „Sie können doch nicht mit Ihrer Jennifer auf der Straße bleiben!"

„Doch, da waren wir schon heute Nacht …", antwortet die verzweifelte Mutter, „… und ich finde es schlimm für Jennifer." Unglaublich!

Cobra bringt mich kurz auf den aktuellen Stand: Das Job-center hatte gesagt, die Mutter müsse nun ins Obdachlosen-heim und die Tochter in eine Hilfseinrichtung für Kinder, da Kinder offiziell nicht ins Obdachlosenheim dürften. Ich merke, wie sich mir alle Nackenhaare aufstellen. Was für ein Unsinn! Allein in dem Obdachlosenheim in unserem Nach-barbezirk gibt es 28 Kinder, die wir wöchentlich unterstützen, zu Weihnachten beschenken und deren Eltern wir beraten. Welch ein Quatsch, Staatsgelder für eine Heimunterbringung aufzuwenden, aber die Kostenübernahme für Schlüsseldienst und Schloss zu verweigern. Ich kann der Mutter und meinem Sozialarbeiter nicht glauben, dass diese Geschichte wirklich wahr ist. Also rufe ich einen Sozialrechtsanwalt an, der uns und unseren Familien schon so oft geholfen hatte. Ich erkläre ihm die Sachlage und frage am Ende, gröber als ich eigentlich will: „Werde ich hier gerade verarscht?"

Wie es seine Art ist, erklärt er mir mit ruhiger Stimme die Gesetzeslücke, die Mutter und Tochter das Leben im Moment schwer macht. Dann weist er mich darauf hin, dass es noch viel mehr Lücken in unserer Sozialgesetzgebung gebe.

Ich legte den Hörer lauter als sonst auf, so stark ist der Frust, der sich in mir aufgebaut hat. Dann bitte ich Cobra, aus unse-rer Buchhaltung Geld zu holen, damit die Frau den Schlüssel-dienst bezahlen kann.

Als die beiden gegangen sind, frage ich mich, was wohl in der kleinen Jennifer vorgegangen ist, als sie mit ihrer Mutter auf der Parkbank schlief, und was wohl davon in ihrem Leben zurückbleibt. Gerade deshalb bin ich so froh, dass wir heute den beiden so schnell und unkompliziert helfen konnten. Der Ärger über das schwergängige Sozialsystem legt sich allmählich, allerdings nicht lange.

Ich wende mich wieder all den unerledigten Aufgaben auf meinem Schreibtisch zu. Mich für diesen Teil meiner Arbeit zu motivieren, fällt mir immer wieder extrem schwer. Glücklicherweise gibt es Ulla und Christian. Die beiden kümmern sich um all meine Termine, Verwaltungsangelegenheiten und die Koordination. Ohne sie wäre es bei 4000 Kindern, die wir regelmäßig in den verschiedenen Arche-Einrichtungen betreuen, und 200 Mitarbeitern gar nicht möglich für mich, so nah an den Betroffenen zu sein und viele von ihnen wirklich persönlich zu kennen. Die beiden halten mir sozusagen den Rücken frei, müssen sogar oft Sachen übernehmen, die anderswo der Chef erledigt, aber nur so funktionieren die Arche und eine unkomplizierte Hilfeleistung.

Ich versuche mich für eine lästige E-Mail zu motivieren, es fällt mir schwer. Die Momente, in denen Kinder in mein Büro kommen, geben mir Kraft: wenn sie selbst gemachte Kunstwerke mitbringen oder mir stolz kleine Briefe zustecken, auf denen dann „Bernd, du bist cool!", „Bernd du bist lustig", „Ich liebe dich, Bernd" oder einfach „Bernd, das Brot" steht.

Es rührt mich immer wieder zu sehen, wie gern uns die Kinder beschenken. Im Moment sind bei den Kids sogenannte „Loom Bandz" der Hit, kleine bunte Gummibänder, die sie zu Armbändern zusammenknoten. Davon haben inzwischen alle im Team eine ganze Sammlung in allen Farben des Regenbogens. Witzigerweise fragen die Kinder uns gar nicht nach unserer Lieblingsfarbe oder besonderen Wünschen. Sie beobachten uns einfach aufmerksam und identifizieren sich mit uns, sodass sie es immer wieder schaffen, genau unseren Geschmack zu treffen. Sie wollen uns etwas zurückgeben, auf diese Weise ihre Dankbarkeit zeigen.

Da klingelt das Telefon. Auf der anderen Seite der Leitung stellt sich die nette Sachbearbeiterin eines Jugendamtes vor. Erst mal lobt sie die Arbeit der Arche, von der es auch eine Einrichtung in ihrem Stadtteil gibt, dann erklärt sie ihr Anliegen. In ihren Zuständigkeitsbereich fällt eine Mutter, die sie gerade erst mal wieder zurück ins Wartezimmer geschickt hat. Die junge Frau hat drei Kinder im Alter von drei, fünf und acht Jahren. Der letzte Mann verließ die Frau und zahlt keinen Unterhalt, die Kinder sind sehr verhaltensauffällig, sodass die Mutter regelmäßig die Hilfe des Jugendamts in Anspruch nimmt. Doch nun sei eine Situation eingetreten, in der das Jugendamt nicht zuständig sei. Sie wissen keine Hilfe.

Die Mutter ist in den letzten Jahren so häufig beim Schwarzfahren erwischt worden, dass ihr irgendwann ein Strafverfahren mit einem ziemlich hohen Bußgeldbescheid ins Haus flatterte. Anfangs versuchte die Frau ihre Strafe in kleinen Raten abzubezahlen, doch dann stellte sie die Zahlungen ein und ignorierte die Mahnbriefe.

Zuletzt kam ein Schreiben vom Gericht, dass sie sofort einen Betrag von rund 500 Euro zahlen oder in zwei Wochen für 30 Tage ins Gefängnis müsse. Wenn sie einsitzt, worauf die

Situation ja hinauszulaufen scheint, müssen die Kinder in ein Heim.

„Was soll ich jetzt machen?", fragt die Dame des Jugendamtes, die genau das verhindern will.

In mir kocht die Wut hoch. Mathematik war eines meiner Lieblingsfächer in der Schule und dies hier ist doch nun wirklich ein simples Rechenexempel: Wird ein Kind für 30 Tage in einem Heim untergebracht, kostet das 3500 Euro. Macht bei drei Kindern 10 500 Euro. So hohe Beträge sollten von staatlicher Seite aufgewendet werden, statt die vergleichsweise geringe Summe von 500 Euro aufzubringen, die der Staat von der Frau fordert? Aber viel schlimmer: Was würden die Kinder ihren Freunden erzählen, wenn sie gefragt werden, wo ihre Mutter ist? Und wie würden sie selbst damit klarkommen, von ihr getrennt zu sein und zu wissen, ihre Mutter ist im Gefängnis, wo doch sonst nur böse Menschen hinkommen? Natürlich hat die Frau viele Fehler gemacht, natürlich ist Schwarzfahren nicht in Ordnung, natürlich geht das nicht ohne Bestrafung. Aber in diesem Fall ging es doch letztlich darum, dass vor allem die Kinder bestraft werden – für etwas, was sie überhaupt nicht zu verantworten haben.

„Sparen Sie sich 10 000 Euro Unterbringungskosten für die Kinder und die Kosten für den Gefängnisaufenthalt der Frau und übernehmen Sie von den restlichen 500 Euro die Strafe der Frau", bin ich versucht zu sagen. Aber mir ist klar, dass weder Jugendamt noch Jobcenter oder Sozialamt für die 500 Euro aufkommen werden. Außerdem will ich auf keinen Fall unfreundlich zu der Frau sein, schließlich sucht sie ja gerade nach einer

Lösung jenseits aller Vorschriften. Das finde ich couragiert. Deshalb sichere ich ihr zu, dass wir die Kosten übernehmen. Sie soll die junge Mutter mit der Rechnung für das Schwarzfahren in die benachbarte Arche schicken. Ich rufe die verantwortliche Mitarbeiterin dort an, um sie darauf vorzubereiten und auch um sie darum zu bitten, sich um die Mutter und vor allem um ihre Kinder zu kümmern. Sie soll dafür sorgen, dass die Kinder ab jetzt regelmäßig zu uns kommen.

An Tagen wie diesen, die so ganz anders verlaufen als geplant, bin ich zwar davon beflügelt, dass wir einigen Menschen durch unkonventionelle Maßnahmen schnell helfen können. Dennoch bin ich heute auf dem Heimweg extrem nachdenklich. Bei allem Pragmatismus, der tagsüber von mir gefordert wird, male ich mir erst jetzt so richtig aus, wie es für Jennifer nachts auf der Parkbank war. In der Dunkelheit, umgeben von unheimlichen Geräuschen und voller Angst, überfallen zu werden. Und wie müssen die drei Kinder der anderen Frau erschrocken sein, als sie hörten, dass ihre Mutter für einen Monat ins Gefängnis soll? Wer tröstet in solchen Situationen die Kinder, die für all die Probleme nichts können? Können sie je wieder zuversichtlich sein, dass so eine Situation nicht wiederkommt?

Und wer schafft endlich die Berge von Vorschriften ab, die erfüllt werden müssen, bevor einem Menschen geholfen werden kann?

Mit unseren Arche-Häusern können wir zwar das Leben vieler Kinder ein wenig sorgenfreier machen und oft auch ihren Eltern helfen, aber es macht mich dennoch traurig zu sehen, dass es in Deutschland und in viel zu vielen anderen Ländern immer noch so viele vergessene Kinder gibt. Deren Not niemand sieht, denen niemand ein warmes Essen kocht und denen niemand mit Aufmerksamkeit und Liebe begegnet. 20 Jahre Arche können nur der Anfang sein.

☆ Kinderwünsche

Ich wünsche mir:

☆ in der Arche zu wohnen.

☆ dass es in der Arche so schön bleibt.

☆ dass ich lange in der Arche bleiben kann.

☆ dass die Arche mehr Geld hat und noch mehr machen kann, woran ich Spaß habe.

☆ mehr Spenden für die Arche.

☆ dass die Arche größer wird und viele Kinder in die Arche kommen.

Ich möchte, dass mein Leben schön bleibt!

Das Kinderhilfswerk
„Die Arche"

Bundesweit sind mehr als 3 Millionen Minderjährige von materieller und emotionaler Armut betroffen. Die ARCHE kämpft dagegen an. In ihren Einrichtungen bietet sie den Kindern täglich kostenlos eine vollwertige, warme Mahlzeit, Hausaufgabenhilfe, sinnvolle Freizeitbeschäftigungen, mit Sport und Musik, und vor allem viel Aufmerksamkeit. Denn Kinder brauchen Bestätigung für ihr Selbstvertrauen. Sie brauchen das Gefühl wichtig zu sein und geliebt zu werden. Viele Kinder hierzulande erleben das zu Hause leider nicht. Die ARCHE hat es sich zudem zur Aufgabe gemacht, öffentlich auf Defizite in unserer Gesellschaft hinzuweisen, damit Kinder wieder vermehrt im Mittelpunkt stehen. Dazu sucht die Leitung der ARCHE auch den Dialog mit Wirtschaft und Politik und bringt darin die Erfahrungen aus ihrer Arbeit mit ein.

Das christliche Kinder- und Jugendwerk wurde 1995 in Berlin gegründet. Mittlerweile ist die ARCHE an 19 Standorten in Deutschland aktiv und erreicht über 4000 Kinder und Jugendliche. Zwei Ableger gibt es inzwischen auch in der Schweiz sowie einen in Polen. Die Eröffnung weiterer Einrichtungen in Deutschland ist in Planung, denn der Bedarf ist leider enorm. Doch die Aufgaben, die der Verein übernommen hat, kann er nur mit Unterstützung der Bevölkerung bewältigen. Die Arbeit der ARCHE wird zu fast 100 Prozent durch Spenden finanziert.

www.kinderprojekt-arche.eu/helfen-sie/geldspende

Ein Leben für die vergessenen Kinder.

Gebunden · Mit Schutzumschlag
200 Seiten · € 17,99
ISBN: 978-3-942208-18-5

 Auch als eBook erhältlich

Als er sechs Jahre alt ist, verlässt seine Mutter die Familie. Liebe und Zuneigung sind für Bernd Siggelkow Mangelware. Die Straße wird sein zweites Zuhause. Jahre später lebt er noch immer am Rande des Existenzminimums. Dennoch fasst er den mutigen Entschluss, selbst ein Projekt für hilfsbedürftige Kinder zu gründen. So entsteht „Die Arche". Die bewegende Geschichte einer großen Vision und eines faszinierenden Mannes.
Leseprobe unter www.adeo-verlag.de

adeo
Unterwegs. Sein.

Bernd Siggelkow

Jahrgang 1964, ist gelernter Kaufmann. Nachdem er einige Zeit als Vertriebsbeauftragter im Außendienst tätig war, hat er eine theologische Ausbildung bei der Heilsarmee absolviert und einige Jahre als Jugendpastor gearbeitet. Im Jahr 1995 gründete er in Berlin-Hellersdorf das christliche Kinder- und Jugendwerk Die ARCHE. Seitdem entstanden noch mehrere Einrichtungen, z. B. in Berlin-Friedrichshain, in Hamburg und in München. Bernd Siggelkow ist verheiratet und Vater von sechs Kindern. Er erhielt für seine Arbeit den „Verdienstorden des Landes Berlin" und „Die Arche" selbst wurde mit der „Carl-von-Ossietzky-Medaille" durch die Internationale Liga für Menschenrechte gewürdigt.

Wolfgang Büscher

Jahrgang 1953, ist Journalist. Er schrieb als Bonn-Berichterstatter für „Sonntag Aktuell" in Stuttgart und arbeitete als Medienberater für zahlreiche Unternehmen, über zehn Jahre auch für Daimler in Stuttgart. Er arbeitete außerdem als Radiomoderator und war viele Jahre als politischer Journalist auch Mitglied der Bundespressekonferenz. Seit Herbst 2002 lebt er in Berlin. 2004 lernte er Bernd Siggelkow kennen und wurde Pressesprecher der ARCHE. Büscher arbeitet in Berlin weiter als Medienberater mit einem eigenen Unternehmen.

Verlagsgruppe Random House FSC® N001967
Das für dieses Papier verwendete FSC®-Papier *Munken Premium Cream*
liefert Arctic Paper Munkedals AB, Schweden.

© 2015 by adeo Verlag
in der Gerth Medien GmbH, Asslar,
Verlagsgruppe Random House GmbH, München.

1. Auflage Mai 2015
Bestell-Nr. 835043
ISBN-Nr. 978-3-86334-043-8

Bildnachweis:
Bilder des Innenteils © Die Arche e.V., Berlinx
Die Kapitel 22 und 23 „Der Tag, an dem Mutter auszog" und „Die Arche legt ab"
wurden gekürzt der Biografie von Bernd Siggelkow mit dem Titel „Papa Bernd"
entnommen (adeo Verlag, 2010).

Lektorat: Bettina Klee und Stefan Wiesner
Umschlaggestaltung: Gute Botschafter GmbH, Haltern am See
Satz: Uhl + Massopust GmbH, Aalen
Druck: GGP Media GmbH, Pößneck
Printed in Germany